# L'ASSOCIATION

## DES

# DOUANES ALLEMANDES

SON PASSÉ, SON AVENIR.

PARIS. — IMPRIMERIE DE SCHNEIDER ET LANGRAND,
RUE D'ERFURTH, 1.

# L'ASSOCIATION

DES

# DOUANES ALLEMANDES

## SON PASSÉ, SON AVENIR;

OUVRAGE AUGMENTÉ

## DU TABLEAU DES TARIFS COMPARÉS

DE L'ASSOCIATION ALLEMANDE ET DE CEUX DE DOUANES FRANÇAISES;

## ET DE TROIS CARTES

INDIQUANT L'ÉTAT DE L'ALLEMAGNE AVANT ET APRÈS L'ASSOCIATION ET CELUI
DE L'EUROPE SOUS LE SYSTÈME DES UNIONS DOUANIÈRES;

PAR

## MM. P.-A. de La Nourais et E. Bères.

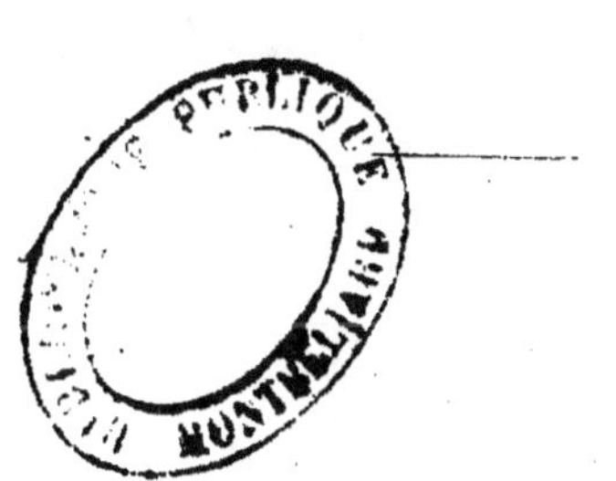

# PARIS.

PAULIN, LIBRAIRE-ÉDITEUR,

RUE DE SEINE, 33.

1841.

Aujourd'hui que les questions commerciales préoccupent à un si haut degré, et à si juste titre, l'attention publique, une question aussi vaste, aussi importante que celle de l'association des douanes allemandes ne pouvait passer inaperçue ; car cette révolution, qui s'est pacifiquement opérée dans les rapports commerciaux des peuples du centre de l'Europe, ne doit pas se borner à l'influence qu'elle a déjà exercée sur ces peuples mêmes. La restreindre dans ces étroites limites, serait en méconnaître l'essence et la portée ;

car elle est appelée peut-être, et dans un avenir très-prochain, à modifier les relations et les lois commerciales de notre pays.

Comment, en effet, lui refuser un examen consciencieux, une étude approfondie, dans un moment où on voit s'opérer en Europe une transformation qui s'y préparait depuis longtemps; où on la voit, pour ainsi dire, se façonner à obéir à des lois nouvelles? Jamais, en effet, les intérêts qu'on est convenu d'appeler matériels n'y ont occupé une plus large place. Le commerce, l'industrie sont devenus des puissances; c'est à les agrandir encore, à les développer sur une immense échelle que tendent désormais toutes les forces vitales des nations, et lorsque, par suite des crises politiques, elles peuvent se trouver menacées, de longs cris d'alarme viennent de toutes parts nous révéler la grandeur, et en quelque sorte l'immensité des intérêts compromis : bien plus, elles dictent aujourd'hui des lois aux gouvernements, aux peuples comme aux souverains. La guerre, elle-même, cette puissance si terrible, que rien n'arrêtait jadis, ne peut plus se faire en quelque sorte aujourd'hui qu'avec la permission des industriels et des banquiers.

Or, au milieu de cette transformation de l'Europe guerrière, qui, chaque jour et de plus en plus, devient industrielle et commerçante, quelle question était plus de nature à attirer l'attention que la création d'un état de choses, qui, après avoir changé la face d'un des pays les plus importants du continent européen, vient aujourd'hui réagir sur les pays qui l'environnent ?

Quel était il y a vingt ans l'état de l'Allemagne ? Quel est-il aujourd'hui ? Comment de tous ces pays, pour ainsi dire étrangers l'un à l'autre, séparés par des frontières, hérissés de lignes de douanes, est-on parvenu à faire un seul corps, un seul pays, un seul marché de vingt-cinq millions d'habitants ? Quelles sont les résistances qu'il a fallu vaincre, les adhésions successives qui sont venues, pendant tout le cours de ces longues négociations, aider la persistance du gouvernement prussien ? Quelles sont enfin les lois qui régissent cette association nouvelle ? Une fois constituée, quels ont été ses résultats financiers, ses influences commerciales et politiques ?

Mais ce n'était pas assez de faire l'histoire de son passé. L'association douanière allemande doit porter des fruits, et sans doute voir se créer à son exemple et autour d'elle d'autres fédérations douanières. On peut croire aujourd'hui que ses effets ne se borneront pas à introduire quelques changements insignifiants dans la politique commerciale des gouvernements européens, à les amener, par l'effet de la nécessité, à mettre en pratique des systèmes plus raisonnables, et à abandonner une foule de restrictions qui leur sont chères. Ne pourrait-on pas aussi prévoir le cas où plusieurs pays, liés par des intérêts communs, par des rapports nombreux de voisinage, de langage ou de sympathies politiques, chercheraient à supprimer entre eux les frontières intermédiaires, et à se confédérer à l'exemple de l'association allemande?

Quelles seraient alors les lois commerciales qui régiraient cette nouvelle Europe?

Il était donc impossible, en parlant de l'association douanière commerciale allemande, de séparer l'histoire de son avenir de l'histoire de son passé.

C'était la seconde partie de notre tâche, et assurément ce n'était pas la moins importante. Pour une pareille œuvre, les documents manquaient entièrement. Il fallait se tenir en garde contre les théories, quelque séduisantes qu'elles pussent être, interroger, combiner une foule d'éléments divers, et justifier par des faits toutes nos assertions ; car c'est en économie politique surtout qu'il faut ne jamais s'écarter des limites du vrai et du possible.

Frappé depuis longtemps de l'importance et de la multiplicité des intérêts que peut soulever cette question, nous n'avions pas attendu, pour en faire connaitre l'histoire et expliquer quelques-uns de ses résultats, qu'elle vînt préoccuper, comme elle le fait aujourd'hui, l'attention des publicistes et des hommes d'état. Quelques travaux, publiés dès l'année 1836 dans un recueil périodique qui paraissait alors (1), nous donneraient peut-être le droit de revendi-

_______

(1) *V. Revue germanique,* cahiers de mai et juin 1836 Paris et Strasbourg. Levrault

quer la priorité sur ce qui s'est écrit en France au sujet de l'association des douanes allemandes ; et plus tard, quand les corps savants et les sociétés industrielles du royaume sont venus, en s'emparant de cette question, y ajouter un nouveau degré d'intérêt (1), nous avons cru naturellement ne pouvoir choisir un moment plus opportun pour la publication de ce travail. Toutefois, en apportant ici notre contingent à l'élaboration d'un sujet aussi vaste, nous n'avons pas eu la prétention de l'épuiser ; heureux seulement d'avoir pu contribuer à faire connaître des faits qui ont été la plupart du temps si diversement interprétés, souvent mal jugés ou même totalement ignorés, nous nous croirions suffisamment récompensé de nos efforts, si le livre que nous soumettons au jugement du public contribuait à répandre parmi les hommes pratiques et ceux que de semblables questions peuvent intéresser quelques données précises sur un événement qu'on pourrait appeler, à juste titre, le commencement d'une révolution dans la politique commerciale, et dont il n'est permis aujourd'hui à personne de méconnaître l'importance et la portée.

(1) Sans parler du concours ouvert devant l'Académie des sciences morales et politiques, nous rappellerons aux personnes que ces questions peuvent intéresser, que la *Société d'encouragement pour l'industrie nationale* et la *Société industrielle de Mulhouse* viennent de proposer des prix pour les meilleurs mémoires sur l'association des douanes allemandes.

Paris, octobre 1840.

# PREMIÈRE PARTIE.

# L'ASSOCIATION

## DES

# DOUANES ALLEMANDES,

### SON PASSÉ, SON AVENIR.

## CHAPITRE PREMIER.

Histoire du traité de douanes prussien et de l'association commerciale
allemande jusqu'à l'année 1838.

Pour bien comprendre l'histoire de la confédération douanière allemande, ses résultats, l'influence qu'elle a déjà produite, et celle qu'elle est appelée à exercer dans l'avenir, il nous semble indispensable de jeter un coup d'œil rapide sur l'état de l'Allemagne quelques moments avant la mise en vigueur de cette législation nouvelle, afin de passer ensuite, et par une transition naturelle, à l'exposition de son histoire.

Lorsque les événements politiques de 1813, et, peu après, la chute de Napoléon amenèrent la fin du blocus continental, l'Angleterre inonda l'Europe de ses produits et de ses marchandises. Les marchés de l'Allemagne , depuis surtout que l'Ems , le Wéser et l'Elbe étaient redevenus libres , en furent encombrés. Ainsi pour ne citer qu'un seul exemple : en 1814 l'Angleterre exporta en Europe pour 10,831,000 l. st. ( 270,775,000 fr. ) de coton manufacturé, et l'Allemagne en reçut pour sa part pour 3,248,000 l. st. ( 77,000,000 fr.) (1); tous les autres produits de la Grande-Bretagne s'exportèrent dans une proportion analogue. Ce déluge de marchandises étrangères vint paralyser l'industrie allemande qui avait, il est vrai, commencé à naître sous la protection factice et temporaire du système continental , mais se trouvait trop jeune encore pour soutenir une concurrence aussi redoutable. Les disettes des années suivantes qui amenèrent le renchérissement de tous les objets nécessaires à la vie, ôtèrent aux industriels allemands les seuls avantages qu'ils pouvaient espérer de la différence dans le taux des salaires; mais ce n'était pas tout encore; pendant que l'Angleterre inondait de ses produits les marchés de l'Allemagne , elle repoussait des siens la principale production du sol germanique. Le 20 mars 1815 , le bill des céréales passa dans la chambre haute; l'importation du blé étranger fut défendue tant que le prix de quarter du Winchester ne s'élèverait pas à 80 schellings ( 100 fr. ) (2).

(1) *V. Historisch-politische Zeitschrift, von Leopold Ranke*, 1835, II vol., 1er cahier, p. 70.

(2) Le quarter équivaut à deux hectolitres quatre-vingt-dix litres. *V. Revue Britannique*, octobre 1839, p. 258.

C'était une prohibition déguisée. En présence de cet état de choses, la France rendit encore plus sévère son système restrictif; les Hollandais revinrent à leurs anciennes mesures prohibitives, malgré les dispositions formelles du traité de Vienne. De là de nouveaux désavantages pour l'industrie de l'Allemagne, car on ne pouvait pas plus s'y passer des marchandises et des produits de la France que de ceux de l'Angleterre. Il ne faut donc pas s'étonner si, dans une situation aussi critique, le commerce de l'Allemagne avec l'étranger vint à se trouver presque anéanti. Les marchandises qui auraient pu lutter avec avantage contre les produits étrangers de même nature ne trouvaient plus leurs anciens débouchés; la Saxe elle-même, si active, si industrieuse, devait s'estimer heureuse de vendre sa laine aux Anglais, car elle ne pouvait exporter ses tissus.

Tel était alors l'état de l'Allemagne vis-à-vis de l'extérieur; au dedans elle était travaillée de maux plus grands encore. Sa constitution intérieure, l'existence d'une foule de lignes de douanes étaient autant d'obstacles à sa production, autant d'entraves à son industrie, également gênée pour l'achat de ses matières premières et le débouché de ses produits. On ne pouvait franchir les frontières sans les plus grandes difficultés, sans trouver, pour ainsi dire, une ligne de douanes à la porte de chaque ville; à chaque pas c'étaient de nouvelles visites, de nouvelles inquisitions. Encore ne connaissait-on souvent ni le but, ni l'ori-

gine de toutes ces douanes intérieures, qui, la plupart du temps, ne subsistaient qu'en vertu de l'usage,
ou appartenaient à des communes ou à des particuliers. Quelquefois les provinces d'un même État
étaient, comme en France sous l'ancienne monarchie, séparées l'une de l'autre ; l'entrée des produits
de la Westphalie était frappée d'un droit de 25
p. 100 (1).

Ici nous n'exagérons point, car c'est aux auteurs allemands eux-mêmes que nous empruntons la peinture
de l'état de l'Allemagne à l'époque que nous indiquons.
« En Allemagne, dit M. d'Amsberg (2), une barrière
« s'élève derrière l'autre, et ce n'est qu'au prix de
« frais élevés, de tracasseries incroyables, de pertes de
« temps sans nombre qu'il est permis de la franchir.
« Qu'on suppute, indépendamment du droit en lui-
« même, la foule de prescriptions, de visites, de vexa-
« tions auxquelles chaque transport, même le moins
« important, doit être soumis, qu'il reste dans l'inté-
« rieur du pays, qu'il en sorte ou qu'il y entre. Si,
« par exemple, des marchandises étrangères, arri-
« vant par mer, entrent en Allemagne par le nord,
« en destination pour le centre du pays, elles ont à
« franchir *seize* lignes différentes, et à se soumettre
« autant de fois à de nouveaux droits, de nouvelles

(1) *V.* Historisch-politische Zeitschrift, p. 78, année 1833.

(2) *V.* Ueber die Einigung der Handelsinteressen Deutschlands, von A.
v. Amsberg, Herz. Braunsch. Oberlegations Rathe, p. 42. Braunschweig,
1831, Vieweg.

5

« prescriptions, de nouvelles visites, de nouveaux
« retards. Si ces marchandises ont à aller de l'est à
« l'ouest, les mêmes tracasseries les y attendent, et
« dans les deux cas, la distance à parcourir n'est pas
« de plus de cinquante à soixante milles, tandis que
« dans d'autres États de l'Europe, on ne rencontre
« pour des centaines de milles aucun obstacle de
« cette nature. »

Chacun sentait les inconvénients d'un pareil état
de choses, et s'accordait à proclamer qu'il n'était
plus supportable. En effet, dans les provinces orientales de la Prusse, l'industrie avait fait de tels progrès, qu'on ne pouvait plus longtemps lui refuser la
liberté : à celles de l'ouest, qui avaient récemment
perdu les marchés de la France, il fallait offrir une
compensation. De tous côtés on sentait le mal, mais
comment y remédier? la tâche était immense. Il ne
s'agissait de rien moins en effet que de dégager le commerce intérieur de l'Allemagne de ses entraves, et donner ainsi à l'industrie indigène la facilité de rivaliser
avec celle des autres pays; il fallait aussi prendre vis-
à-vis de l'étranger une position qui, en le forçant à des
mesures d'amiable réciprocité, pût protéger les intérêts généraux de l'Allemagne; prendre enfin en considération les exigences financières des divers États,
et leur assurer par la combinaison des nouveaux tarifs les moyens nécessaires de subvenir à leurs
besoins.

Dans l'ancien système, la perception des douanes

s'alliait à celle des impôts indirects qui prenait le nom d'*accise*. De là de nombreux inconvénients. Pour assurer la perception, il avait fallu fermer les villes, et rendre ainsi forcément leur tributaire tout le pays d'alentour. Ce système, outre les encouragements énormes qu'il donnait à la contrebande, avait encore le désavantage de varier suivant les provinces.

Il n'y avait qu'un seul moyen de remédier à tous ces maux, c'était de reporter la ligne de douanes aux frontières ; on y pouvait en effet, et bien plus facilement, percevoir l'accise sur les objets de consommation qu'à la porte de toutes ces villes. En même temps on dotait le pays d'une législation financière uniforme, on rendait au commerce intérieur sa liberté naturelle, on donnait enfin à un pays constitué d'une foule d'éléments hétérogènes la faculté de sentir dans toute sa plénitude sa force et son unité.

On y pourvut par la loi du 11 juin 1816 qui abolit dans toutes les anciennes provinces de la monarchie prussienne les douanes intérieures provinciales, fluviales, etc. ; loi importante encore en ce que le gouvernement y déclara pour la première fois d'une manière officielle qu'il se préparait, en créant un système général de douanes aux frontières, à délivrer le commerce de tous les droits de douanes, de transit, etc., qui le grevaient depuis longtemps (1).

Les mesures projetées avaient un double avantage,

(1) V. Historisch-politische Zeitschrift, p. 77 et 79, 1835.

celui de satisfaire aux exigences des besoins inté-
rieurs, et en même temps celui de donner au pays
vis-à-vis de l'étranger une position imposante. On
pouvait dès lors opposer ligne de douanes à ligne de
douanes, et se protéger contre les Etats, qui en en-
voyant leurs produits, refusaient à ceux des autres
nations l'entrée de leur territoire. Ce but fut claire-
ment expliqué par le chancelier d'Etat aux fabricants
des provinces rhénanes. Mais devait-on adopter le
système prohibitif suivi par les Etats voisins? C'était
là toute la question.

La Prusse prit l'initiative, c'était le pays le plus
important de l'Allemagne, celui aussi dont l'industrie souffrait le plus, et se trouvait dans la position
la plus critique. Sa population, alors d'un peu plus
de dix millions d'individus, vivait dispersée sur une
immense langue de terre, coupée au milieu par un
territoire étranger, bornée à l'une de ses extrémités
par la Russie, à l'autre par la France et la Hollande,
formée des provinces et des éléments les plus hétérogènes. Le pays était fatigué, endetté; les anciennes
provinces, épuisées par ce qu'elles avaient souffert de
1806 à 1814, ne pouvaient plus rien donner; il eût
été peu prudent de demander aux nouvelles. Dans
l'impossibilité d'augmenter l'impôt direct, il fallait
faire face aux nouvelles exigences par l'impôt indirect;
mais l'ancien système n'était favorable ni à l'industrie, ni au commerce, ni à la fusion de tant d'intérêts provinciaux divers, ni enfin assez lucratif. Le

gouvernement de son côté était sans cessé harcelé des plaintes des fabricants des provinces Rhénanes. Dans une adresse présentée au roi le 27 avril 1818, les fabricants de Rheid, Suchteln, Gladbach, Vierssen et Kaldenkirchen s'écriaient : « Sur tous les mar- « chés européens, des lignes de douanes s'opposent « aux débouchés de nos produits, tandis que toutes « les industries de l'Europe trouvent en Allemagne « un marché toujours ouvert. »

Dans une seconde adresse, les mêmes fabricants se plaignaient au chancelier d'État « de l'énorme « quantité de marchandises étrangères apportées aux « foires de Leipzig et de Francfort-sur-le-Mein, et « de ce que l'Allemagne fût le seul pays où tout en- « trât en franchise, et où toute marchandise mau- « vaise ou avariée trouvât facilement à se placer. »

Quel parti prit la Prusse? chercha-t-elle à proté- ger l'industrie et le commerce de ses nationaux en introduisant chez elle les mesures restrictives aux- quelles avaient recours toutes les nations commer- çantes? Frédéric II, dans une position presque ana- logue, l'avait essayé : il avait créé la régie; mais à sa mort, on se vit forcé de renoncer à ces mesures, que l'expérience avait condamnées. On reconnut que les principes restrictifs avaient fait leur temps, et on chercha à remédier au mal par l'adoption de me- sures plus libérales, et en posant pour base la liberté des transactions internationales. Ainsi que nous l'a- vons dit, la Prusse répondit à toutes ces plaintes, à toutes ces demandes de représailles par la législation de 1818. C'est ici le lieu d'en tracer un court exposé.

Les principes qui jusqu'alors avaient dirigé la politique commerciale de presque tous les États reposaient en grande partie sur la prohibition à la sortie des produits bruts, et la prohibition à l'entrée des produits de fabrique étrangère. La législation nouvelle se hâta de les répudier en déclarant *que tous les produits étrangers, naturels et manufacturés, pouvaient être importés, consommés, expédiés en transit, dans toute l'étendue du royaume; que tous les produits indigènes, naturels et manufacturés pouvaient également être exportés* ( art. 1 et 2 ) (1). L'art. 3 disposait que si, par des raisons de haute police, on pouvait défendre l'entrée de certains objets, cette prohibition ne pourrait s'appliquer qu'à la Prusse seulement. Le rescrit du 28 décembre 1834, qui interpréta cet article, déclara qu'il n'avait en vue que de défendre l'entrée des remèdes secrets et des médicaments reconnus nuisibles. Cette mesure n'était évidemment pas une prohibition commerciale; il n'y eut donc alors que deux seules exceptions qui portèrent sur le sel, qui resta un monopole de l'État, et les cartes à jouer ( art. 4 ). Ces objets sont régis par les art. 25 et 32,

(1) *V.* Gesetz über den Zoll und die Verbrauchssteuer von auslandischen Waaren, und über den Verkehr zwischen den Provinzen des Staats vom 26 mai 1818. Dans la collection de Schimmelfennig, p. 1, 1837 Potsdam, Riegel.

partie II, du tarif du 21 octobre 1836, et, pour ce qui concerne les cartes, par la circulaire ministérielle du 3 janvier 1835. Toutefois on a prohibé, comme par le passé, l'introduction des cartes étrangères et soumis leur transit au contrôle prescrit par la loi et l'ordonnance du 23 janvier 1838. La loi du 16 juin, dont nous venons de parler, a ordonné relativement aux fabriques de cartes les mesures nécessaires pour assurer l'impôt. Les cartes continuent à être timbrées, et sont frappées d'un droit de 8 (1 fr.) et de 5 gros d'argent ( 0,37 c. 1/2 ) par jeu. Il est défendu aux fabricants de faire en même temps le commerce de détail, et tout individu qui en fabriquerait sans la permission du ministre des finances, se rendrait passible, outre la confiscation des cartes et des outils, d'une amende de 500 écus ( 1,875 fr. ). Les cartes non timbrées sont confisquées, et celui qui les introduit est puni d'une amende de 10 écus (37 fr. 50 c.). La même pénalité s'applique aux cabaretiers qui laissent jouer chez eux avec de semblables jeux (1).

La loi disposait encore que les principes qu'on venait de proclamer sur la liberté commerciale devaient servir de base aux négociations qui pourraient s'ouvrir par la suite avec les autres États. Autant que pourrait le permettre la diversité des rapports internationaux, il devait être accordé aux sujets des

(1) *V.* Die Steuergesetzgebung des preussischen Staats nebst Ergänzungen, und Erläuterungeö, von A. Villaume, Kœnigl. Preuss. Regierungs Rathe, in-8°, p. 114. Breslau, 1839. G. P. Aderholz.

autres pays les mêmes facilités de commerce dont
jouiraient les régnicoles prussiens dans leur pays, et
même on se réservait, dans l'intérêt des relations
réciproques, et toutes les fois que les circonstances
l'exigeraient, de faire à ce sujet des traités spéciaux
de commerce. Le gouvernement se réservait encore
également de prendre toutes les mesures qui lui sem-
bleraient de nature à balancer les restrictions que
les pays étrangers mettraient au commerce de ses
nationaux ( art. 5 ).

Mais ce n'était pas assez de ne mettre aucune prohibition sur les importations, il fallait leur imposer
un droit à la fois modéré et facile à percevoir. Le tarif prussien fait généralement abstraction de la valeur, et ne considère que la mesure ou le nombre,
mais principalement le poids ( art. 9 ). On a attaqué
cette disposition; on a dit, avec raison du reste, que
les marchandises les plus communes sont en même
temps les plus lourdes, et qu'on favorisait ainsi les
classes élevées et riches au détriment des classes in-
férieures. Cette objection peut bien être vraie pour
certains cas; nous y répondrons en disant qu'il fallait adopter une mesure générale, et que celle-là était
peut-être la plus simple, celle qui entraînait le moins
d'inconvénients. Ce mode du reste ne fut pas suivi
d'une manière absolue, le système admettait aussi
la perception du droit à la mesure et à la pièce.

Quoi qu'il en soit, le système d'après le poids n'é-
tait pas nouveau en Allemagne. Quand le gouverne-

ment bavarois réunit une commission pour réformer l'ancien système de douanes, et préparer une législation nouvelle, qui, en effet, fut promulguée le 7 décembre 1799, il donna aux commissaires, pour les diriger dans leur travail, des instructions où on lit, § XIV :

« Les tarifs ne doivent plus se prélever comme par « le passé, d'après l'évaluation arbitraire de la valeur, « mais toujours d'après le poids ou la mesure. On « pourra ainsi fixer d'une manière plus sûre et plus « précise la quotité des importations et des exporta- « tions. Toutefois il faudra bien faire des exceptions « pour les objets qui échapperaient à ces deux catégo- « ries (1). » Il faut songer aussi à toutes les facilités que ce système donnait au commerce ; il diminuait le séjour aux frontières des voitures de transport, empêchait qu'il n'y eût autant de règles que d'objets, simplifiait le travail et les visites, ôtait toute occasion de fraude ou de dol. Le plus important, c'est que ce tarif, à tout prendre, était fort modéré ; il devait être, terme moyen, d'un demi-écu (1 fr. 87 1/2 c. ) par quintal prussien (110 livres). ( Art. 6. )

Quoi qu'il en soit, on doit bien penser que certaines circonstances spéciales dans lesquelles se trouvait l'industrie prussienne durent amener des exceptions. Quelques produits étrangers furent imposés

(1) V. Archiv für die Staatskunde von Baiern von C. C. vonMann, vol. I, p. 25. München, 1804.

au delà du tarif normal, afin de faciliter à l'industrie indigène une concurrence avantageuse; mais ces droits étaient en petit nombre, et en les imposant, on se garda bien de dépasser le but, de les élever à un taux qui les aurait rendus l'équivalent d'une prohibition. Le gouvernement prussien était pénétré de cette vérité que les restrictions, outre qu'elles nuisent aux intérêts financiers d'un État, favorisent dans les producteurs et les fabricants le penchant au monopole, à la paresse, à l'ignorance. C'est en développant toutes leurs forces, en usant de tous leurs moyens, qu'ils doivent lutter contre la concurrence étrangère (1). S'il y eut dans le principe quelques erreurs, quelques mécomptes inévitables, la loi contenait les moyens d'y remédier en ordonnant tous les trois ans une révision légale du tarif ( art. 25 ). Qu'il nous suffise en ce moment pour justifier le tarif prussien des attaques dont il peut avoir été l'objet, de renvoyer au discours prononcé dans la séance du 7 mai 1827 à la chambre des communes par le célèbre Huskisson (2). Nous n'ajouterons rien à une autorité aussi respectable et aussi compétente. Dix ans plus tard, le *Quarterly review*, recueil rédigé dans les principes tories, par conséquent dans des idées peu favorables au progrès et à l'émancipation, s'exprimait ainsi (3) : « Nous n'hésitons pas à affirmer que les principes de

---

(1) *V.* Historisch-politische Zeitschrift, p. 82, 1853.

(2) *V.* Speeches of the right honourable W. Huskisson, III, 151.

(3) *V.* Cahier d'avril, 1857.

« la liberté commerciale sont bien mieux compris en
« Prusse que dans tout autre pays du continent ,
« sans en excepter même la France , qui, malgré
« toutes ses prétentions au libéralisme, maintient à
« ce sujet dans toute leur intégrité les erreurs les
« plus funestes. »

Pour l'exportation , la franchise des droits fut la règle. S'il y eut quelques exceptions , c'est qu'elles furent jugées nécessaires pour assurer à l'industrie une protection raisonnable ( art. 7 ). Quelques produits , tels que le sucre raffiné, le tabac, l'eau-de-vie , quelques bières , reçurent une prime à la sortie (1).

Le transit fut rendu aussi facile que possible; on permit, sous le contrôle des autorités légales , le déchargement et l'entreposage. Ce droit de transit fut même ensuite adouci , d'abord dans les provinces de l'est , et, plus tard, dans celles de l'ouest (2). La plupart des produits étrangers qui restèrent dans le pays eurent à supporter un impôt de consommation qu'on peut évaluer à environ 10 p. 0/0 de leur valeur , et qui souvent même ne monta pas jusque-là (3).

(1) *V.* Art. xii, et tarif du 21 octobre 1836, troisième partie , ainsi que le tarif complémentaire du 27 novembre 1836, art. xiii.

(2) *V.* art. viii, et tarif du 25 octobre 1821 , instruction du 4 novembre 1821, et tarif du 21 octobre 1836, deuxième partie.

(3) *V.* Dieterici , statistische Uebersicht, etc., p. 129. Cet ouvrage est assurément un des plus complets qui aient été publiés sur les résultats de l'union douanière, cependant nous devons dire qu'on ne doit accepter ses données qu'avec une certaine défiance. Les documents qu'il fournit seraient exacts si

Les deux principales sources de revenus étaient les douanes et les droits de consommation connus autrefois sous le nom d'*accise*. Leur importance et les sommes qu'elles rendaient au trésor ne permettaient pas de les abolir, mais il fallait modifier et le tarif et le mode de perception. Pour les objets soumis aux droits de consommation, et qui venaient de l'étranger, le droit fut prélevé à la frontière; pour les produits indigènes, il fallait un mode de perception d'autant plus exact qu'ils formaient depuis longtemps une des branches les plus importantes du revenu public. C'étaient surtout les boissons, l'eau-de-vie, le vin, la bière et le tabac. On ne leva pas l'impôt, comme en France, lors du débit et de la consommation, mais lors de la fabrication. La loi du 8 février 1819 imposa la drèche, le moût de vin et les feuilles de tabac. Sur l'eau-de-vie on perçut l'impôt après la trempe. Ce mode d'impôt eut sur la fabrication la réaction la plus heureuse. L'industrie prussienne fit d'immenses progrès, qui, à leur tour, réagirent d'une manière favorable sur l'agriculture. Quelques années après, les distilleries produisaient cent cinquante millions de *quarts* (1); et, en 1831, on exporta près de cent mille quintaux d'eau-de-vie (2). Il n'y eut que pour les

l'union n'embrassait que le territoire prussien, mais il est facile de concevoir qu'ils doivent se modifier sensiblement du moment qu'on les étend à toute la confédération douanière.

(1) Le quart = un litre quatorze centilitres.

(2) *V.* Historisch-politische Zeitschrift, p. 91 et 92

droits de mouture et d'abattage qu'on n'abandonna
pas les anciens principes; on les trouva moins onéreux pour les contribuables, et plus lucratifs pour
l'état que tous ceux qu'on aurait mis à leur place. On
continua à les percevoir aux portes, mais seulement
dans les villes. Pour les campagnes, ils furent rem-
placés par une espèce de capitation (Classensteuer).

C'est ici, nous pensons, le lieu d'examiner comment se divise le tarif prussien, qui plus tard devint
celui de l'union entière; quelles sont ses diverses
combinaisons, et en même temps quelles facilités,
quelles économies il peut offrir relativement aux
moyens de perception. Au lieu de présenter une série indéfinie d'articles rangés par ordre alphabétique,
le tarif adopte de grandes divisions dans lesquelles
entrent les produits de même nature, ce qui n'empê-
che pas, sous chaque article principal, d'admettre un
certain nombre de subdivisions. Ces divisions sont
au nombre de cinq; nous allons les énumérer, ainsi
que les produits que comprend chacune d'elles.

I. La première embrasse les produits exotiques
qui n'ont que peu ou point de similaires dans l'association, tels que le sucre, le sirop, le café, le cacao,
le riz, les épices et épiceries, le thé, les fruits du midi,
les confitures, les huîtres et autres coquillages.

II. La deuxième classe embrasse les objets de consommation qui ont leurs similaires dans l'union, et
établissent une concurrence avec les produits importés tels que le vin, les tabacs, les bestiaux, l'eau-de-

vie, le beurre, les harengs, le suif, les blés et les semences de tout genre, les fromages, le houblon, la
bière, le vinaigre en cercles ou en bouteilles, la viande,
les poissons salés, l'huile en baril et en bouteille, les
fruits secs, la chicorée, les chandelles, la chaux et le
plâtre, les pierres à bâtir et les briques, le zinc et
l'étain, les plumes, le duvet et la cire.

III. Dans la troisième classe sont comprises les
matières nécessaires à l'industrie, la laine et les fils
de laine, le coton et les fils de coton, le fer et l'acier,
la droguerie, les matières tinctoriales, l'huile d'olive
et l'huile de baleine, le cuivre et le laiton, le lin, le
chanvre, les peaux, les poils, les cuirs et les marchandises en cuir, le savon, le bois, les résines et les
bitumes, le plomb et la litharge, l'indigo, les débris
de tout genre, les minerais, les cardes, les chiffons,
l'argile et la houille.

IV. Les produits manufacturés forment la qua-
trième classe. Ce sont les tissus de coton, de laine et
de soie, les toiles et fils de lin, la poterie, la faïence,
la porcelaine, le verre et la verroterie, la quincaillerie, le papier de toute espèce, les marchandises en
paille, les instruments de musique et d'optique, les
pelleteries, la brosserie, les vêtements, la poudre à
canon, la toile cirée, la corderie, les livres et les gra-
vures.

V. La cinquième enfin comprend un petit nombre
d'objets sans importance.

Ces marchandises diverses répondent à quarante-trois articles du tarif dont la plupart ont encore de nombreuses sous-divisions destinées aux différentes variétés de chaque espèce de produits (1).

Ici une question se présente : on s'est demandé si cette législation nouvelle, qui faisait dévier la politique commerciale des principes généraux adoptés en Europe depuis Colbert, était bien pour la Prusse l'effet d'une résolution passagère, d'une tentative livrée au hasard, ou si c'était en elle le résultat d'un plan systématique. Nous trouvons dans toutes les phases de cette grande révolution, dans tous les actes qui l'ont préparée, précédée ou consolidée, tant de logique, d'accord, de cohésion, que nous n'hésitons pas à déclarer que si le but principal de cette législation a été d'augmenter en même temps le bien-être de la population et les finances de l'état, tout en donnant un vigoureux élan à l'industrie indigène, la Prusse n'a pas cru pouvoir mieux l'atteindre qu'en affranchissant le commerce intérieur des restrictions qui l'avaient jusqu'alors enclavé, et en offrant au commerce extérieur une réciprocité complète, c'est-à-dire, en dernière analyse, la liberté générale. Les revenus ne rentraient dans les caisses de l'état qu'au moyen d'une perception coûteuse et difficile ; aujourd'hui ils y arrivent sans efforts, par suite du libre mouve-

---

(1) Statistische Uebersicht der wichtigsten Gegenstænde des Verkehrs und Verbrauchs im preussischen Staate un dim deutschen Zollverbande, in dem Zeitraum von 1831 bis 1836, von C. F. W. Dieterici, p. 117 à 127, in-8°, Berlin, 1838. L. S. Mittler.

ment et des développements naturels de l'industrie. Les prohibitions ne sont établies que dans un esprit de doute et de méfiance contre l'activité industrielle d'une nation. Le système de liberté était le témoignage le plus implicite et le plus éclatant de la confiance du gouvernement dans l'esprit commercial et les progrès du peuple prussien.

Telles étaient assurément les idées qui préoccupaient l'administration, car, dans sa lettre du 3 juin 1818 (1), le chancelier d'État déclara aux fabricants de Rheid que le système se proposait non-seulement d'user de représailles s'il était nécessaire, mais aussi de rendre aux autres pays les mêmes avantages qu'ils offriraient à la Prusse.

Nous citerons encore, pour prouver que la législation nouvelle, et notamment la loi du 26 mai 1818, qui en fut la base (2), était la suite d'un système parfaitement logique et raisonné, plusieurs lois antérieures, en quelque sorte préparatoires, et qui toutes convergent vers le but qu'on voulait atteindre. Ce sont notamment l'édit du 2 novembre 1810, complété plus tard par la loi du 7 septembre 1811, qui proclama la liberté de l'industrie ; l'édit du 20 mars 1813 qui ouvrit les ports prussiens aux navires et aux marchandises de toutes les nations amies ; l'ordre de ca-

(1) *V.* Benzenberg, über Preussens Geldhaushalt und neues Steuersystem, 1820, p. 555.

(2) *V.* à la fin de l'ouvrage le texte de cette loi.

binet du 16 mai 1814, qui affranchit le commerce
de transit des entraves que lui avait imposées le système continental (1); la loi du 17 janvier 1816 qui
abolit comme *contraire aux rapports actuels du commerce*
la défense d'exporter de l'or et de l'argent monnayés,
défense qui existait depuis 1779 ; celle du 16 mai
qui introduisit dans la monarchie un système uniforme de poids et mesures; celle du 11 juin de la
même année, dont nous avons déjà parlé, qui sup-
prima dans toute l'étendue du royaume les douanes
fluviales, provinciales et intermédiaires, et enfin la
loi du 3 novembre 1817 relative au crédit et aux ban-
ques.

Comment le système de douanes prussien que
nous venons d'exposer s'est-il étendu peu à peu à la
plus grande partie de l'Allemagne? C'est ce qui nous
reste à examiner. Le premier pas à faire était d'a-
planir les obstacles qui s'opposaient à son extension.
En effet, comment était-il possible d'avoir à l'extrême
frontière une ligne de douanes non interrompue,
pendant qu'entre les deux parties du même pays se
trouveraient enclavés des états indépendants avec leur
système propre, et qui, partant, donneraient à la
fraude et à la contrebande les plus grandes facilités?
Il fallait donc songer avant tout à réunir les enclaves;
mais ce n'était pas chose facile que de concilier avec

(1) *V.* Schœnbrodt, Sammlung der Verordnungen über die Gewerbe Han-
dels-und-Abgaben Veræhltnisse in den vereinsstaaten Deutschlands, Ier vol.,
p. 1 et 2, in-8°. Potsdam, 1854. F. Riegel.

les vues du gouvernement prussien les craintes et
les susceptibilités politiques des petits pays voisins.
Aussi a-t-il fallu, pour y parvenir, dix années de longues et laborieuses négociations. Ce n'est qu'en 1828
que les principautés de Schwarzbourg-Sondershausen et de Schwarzbourg-Rudolstadt, le grand-duché de
Saxe-Weimar, les principautés d'Anhalt-Bernbourg,
Anhalt-Dessau et Anhalt-Kœthen, la principauté de
Lippe-Detmold et le grand-duché de Mecklembourg-
Schwerin se laissèrent aller à réunir au système
prussien les fractions de leur territoire qui étaient
entourées de tous côtés par les lignes de douanes
prussiennes. Toutefois, pour l'exécution de ces traités, il y avait à fixer trois points assez délicats : 1° le
partage des revenus qui devaient entrer dans les petites caisses princières pour leur part de territoire
réuni ; 2° les égards nécessaires qu'il fallait avoir pour
leurs droits de souveraineté ; 3° le soin de quelques
intérêts spéciaux.

Pour le partage des revenus on prit pour base la
population des pays enclavés, et celle des provinces
prussiennes orientales ou occidentales qui se ratta-
chaient à l'une ou à l'autre de ces deux grandes divisions. Tous les trois ans, la somme à recevoir annuellement par chaque État devait être déterminée
dans des délibérations communes (1).

Comme le nouvel ordre de choses amenait une fu-

(1) V. Traité avec Schwarzbourg-Sondershausen, art. 1.

sion complète des territoires, il fallait nécessairement accorder aux douaniers prussiens la facilité de poursuivre la fraude sur les parties enclavées. Les princes pouvaient d'autant moins s'y refuser qu'ils prenaient leur part des revenus de la Prusse. Il fut alors convenu que ce seraient les autorités de ces pays qui, sur leurs territoires respectifs, procéderaient aux visites, saisies et arrestations, que les procédures et l'exécution des jugements seraient confiées à leurs tribunaux, et que les amendes, déduction faite de la part afférente au dénonciateur, seraient versées dans leurs caisses. Enfin on convint, notamment avec Schwarzbourg-Rudolstadt, Saxe-Weimar et Lippe-Detmold, de quelques points qui semblèrent réciproquement utiles aux intérêts communs.

Toutes ces dispositions se trouvent dans le premier des traités de cette nature que conclut la Prusse, celui avec Schwarzbourg-Sondershausen; il est du 25 octobre 1819. Si nous les avons relatées avec quelques détails, c'est qu'elles ont servi de base à toutes les conventions postérieures.

Ces traités partiels ont-ils été utiles aux parties contractantes? Pour résoudre cette question, il faut se reporter au moment où Anhalt-Bernbourg se trouva amené à faire un pas en avant, et à se rallier au système prussien, d'abord pour la partie supérieure, ensuite pour la partie inférieure de la principauté qui n'étaient pas enclavées dans la ligne de douanes prussiennes. Les préliminaires du traité ( 17 juin

1826 ) conclu lors de l'adhésion de la partie inférieure, expriment formellement que la réalisation
des avantages que l'on avait espérés, c'est-à-dire l'impulsion donnée au commerce réciproque, une plus
grande facilité dans tous les rapports de voisinage,
ont été des deux côtés des motifs déterminants pour
arriver à une union plus intime et plus complète.
Les dispositions du traité originaire furent aussi mo-
difiées : comme la ligne de douanes fut reportée aux
frontières de la principauté, elle obtint une part proportionnelle dans les droits de transit qui furent aussi
calculés d'après la population. La Prusse nomma les
douaniers, Anhalt-Bernbourg les percepteurs (1).

Pendant quelques années, les choses restèrent dans
le *statu quo*, mais les idées n'en marchèrent pas moins.
L'Allemagne se sentait de plus en plus travaillée du
besoin de changer sa situation, de mettre fin à ce
morcellement sans bornes qui éternisait à ses frontières la petite guerre de la contrebande, qui à l'intérieur amenait la gêne de son commerce, et l'empêchait de prendre une position respectable vis-à-vis
de l'étranger. On songeait donc déjà à établir une
fusion entre le nord et le midi, et c'est ici qu'il faut
parler d'un des faits les plus importants de cette histoire, l'accession du grand-duché de Hesse au système prussien, événement décisif surtout en ce qu'il
détermina l'adhésion des autres États, et que ce

(1) *V.* Traité pour la partie supérieure, art. II, IV, VIII et XI.

système, qui dans le principe était personnel à la Prusse, put devenir, quelques années plus tard, la confédération douanière allemande.

Inutile de reproduire ici toutes les négociations préparatoires qui ont précédé le traité de la Prusse avec le grand-duché de Hesse. Nous nous contenterons d'en relater les dispositions principales. Nous ferons observer d'abord que ce n'était pas un traité de commerce, mais bien un traité de douanes. Aussi ses principaux articles disposent-ils que la législation prussienne sur les droits d'entrée, de sortie et de transit, et l'impôt de consommation, sera entièrement applicable au grand-duché de Hesse. Tous les produits d'un État pourront entrer librement dans l'autre. Les deux pays n'auront qu'une seule et même ceinture de douanes. Toutefois, l'existence de droits de consommation à l'intérieur empêcha la fusion d'être entièrement complète. Tous les objets qui y étaient soumis dans le grand-duché de Hesse, tels que le vin, l'eau-de-vie, la bière, le vinaigre et le tabac, durent acquitter un impôt déterminé en passant d'un territoire dans un autre. On convint seulement de ne pas augmenter sans le consentement commun le nombre des articles désignés. La Prusse aussi s'engagea, pour les traités à venir avec les États vinicoles, à ne pas favoriser leurs vins plus que ceux de la Hesse.

Si un contrôle était nécessaire, il n'y avait plus du moins de frontières à garder entre les deux États; il ne s'agissait plus que de régulariser les revenus. Les deux États furent mis sur le pied de la plus parfaite égalité. Chacun d'eux perçut dans ses bureaux les droits de douanes d'après un tarif identiquement semblable : les frais d'administration, excepté toutefois ceux de construction des bâtiments, devaient se prélever en commun sur ces revenus, et l'excédant se partager entre Hesse-Darmstadt et les provinces occidentales de la Prusse d'après l'évaluation de la population. Il y eut encore dans cette convention quelques dispositions de réciprocité que nous passons ici sous silence.

Ce traité est assurément une des phases les plus remarquables de l'histoire financière de l'Allemagne, autant peut-être que la loi de douanes qui créa le système nouveau, en ce qu'il fit entrevoir d'une manière claire et précise la nécessité de remplacer les traités de commerce par des unions douanières.

On put mettre à exécution le traité entre la Prusse et la Hesse le 1ᵉʳ juillet 1828.

Le premier pas était fait, la position fortement dessinée. La Prusse appelait à elle tous les États de l'Allemagne. La Hesse-Électorale, placée entre les deux moitiés de la Prusse, ne tarda pas à se joindre à elle par le traité du 25 août 1831, et à accélérer ainsi la fusion du nord et du midi. Cette adhésion vint briser et dissoudre l'*association commerciale du centre de l'Allemagne* ( Mitteldeutschen-Handelsverein ), et toutes les tentatives pour empêcher ce résultat restèrent sans effet. Le grand-duché de Saxe-Weimar, de son côté, promit d'adhérer aussitôt que ses engagements avec l'union dont il faisait partie viendraient à expirer. Peu à peu on vit Saxe-Cobourg-Gotha se réunir pour un bailliage, le grand-duché d'Oldenbourg pour Birkenfeld, le landgraviat de Hesse-Hombourg pour Hombourg, Waldeck pour la principauté, moins la capitale, Pyrmont. Quelque temps après, un événement fort important vint, en reculant la frontière de l'Union, étendre son marché et lui donner une consistance telle, qu'on put dès lors espérer de réunir sous le même système la majeure partie de l'Allemagne.

La Bavière, le Würtemberg et les deux principautés de Hohenzollern avaient conclu ensemble une union de douanes, et stipulé avec le système prusso-hessois une réciprocité d'avantages commerciaux. Le 22 mars 1833, les deux unions se fondirent, c'est-à-dire que la Bavière, le Würtemberg et les deux principautés de Hohenzollern accédèrent à toutes les stipulations du traité précédemment conclu entre la Prusse et le grand-duché de Hesse-Darmstadt. Le royaume de Saxe adhéra par le traité du 30 mars 1833, et le 11 mai suivant, les principautés de Schwarzbourg et de Reuss suivirent son exemple. Enfin, après de longs débats, le grand-duché de Bade et le duché de Nassau adhérèrent par les traités des 12 mai et 10 décembre 1835, et enfin Francfort-sur-le-Mein par celui du 2 janvier 1836. A la fin de

1837 la principauté brunswickoise de Blankenburg, le bailliage de Walkenried et quelques autres petites parcelles vinrent encore accroître l'étendue du territoire de l'Union.

La confédération douanière allemande comprend aujourd'hui au moins 8252, 17 milles carrés, et plus de 25 millions d'habitants ; d'après Becher (1) 25,350,000. Elle s'étend dans la direction du nord-est à l'ouest, de Memel, 37° de longitude, jusqu'à Aix-la-Chapelle, 25° 50' de longitude, et dans la direction du nord au sud, depuis Stralsund, 54° 50' de latitude, jusqu'aux frontières autrichiennes derrière Munich, 47° 50' de latitude. Elle est actuellement bornée à l'est par la Russie et la Pologne, au sud par l'Autriche et la Suisse, à l'ouest par la France, au nord-ouest par la Belgique et la Hollande, et au nord enfin par le Hanovre et les autres États du nord de l'Allemagne qui ne font point partie de l'Union.

Il faut indiquer maintenant d'une manière sommaire quels rapports nouveaux la fédération douanière a créés entre les pays associés. Nous avons vu les conventions conclues entre la Prusse et le grand-duché de Hesse lors de l'adhésion de ce dernier État. Ce furent à peu près les mêmes qui furent seulement étendues d'une manière uniforme à tous les membres de l'association nouvelle. Les revenus des douanes

(1) *V.* Ueber den deutschen Zollverband von C. C. Becher, p. 12 et 13. Kœln und Aachen, 1835. Ludwig Kœhnen.

se composent des droits d'entrée, de sortie et de transit, et se partagent entre tous les États, eu égard à leur population respective, d'après le dernier recensement triennal, et déduction faite des frais. Chaque État fait percevoir les droits de douane à ses frontières par des préposés qu'il nomme. Sur ces recettes il prélève d'abord quelques dépenses communes, telles que la restitution des droits indûment perçus et les primes d'exportation établies par les traités. Il en est de même pour les frais du personnel de l'administration des douanes et du matériel des bureaux qui sont prélevés. Toutefois le nombre des bureaux et la force du personnel destiné à la garde des frontières sont fixés d'un commun accord et les traitemens déterminés d'une manière uniforme. Ces dépenses communes se sont élevées en 1832 à 14 p. 100 du produit brut; les frais de bureaux et entrepôts de l'intérieur, ceux de la direction générale des douanes sont supportés par chaque État. C'est encore lui qui paie les primes spéciales qu'il croit devoir accorder en dehors des dispositions générales qui régissent l'association.

## TABLEAU CHRONOLOGIQUE indiquant la formation successive de l'association douanière allemande.

| NUMÉROS. | NOMS DES ENCLAVES ou PAYS faisant partie DE L'ASSOCIATION. | NOMS DES PAYS auxquels appartiennent les ENCLAVES. | DATES DES TRAITÉS DE RÉUNION. |
|---|---|---|---|
| 1 | Sondershausen (seigneurie inférieure). . . . . . . | Principauté de Schwarzbourg-Sondershausen. . | 25 octobre 1819. |
| 2 | Rudolstadt (seigneurie inférieure ). . . . . . . | Principauté de Schwarzbourg-Rudolstadt. . . | 8 juin 1835. |
| 3 | Bailliages de Allstædt et Oldisleben.. . . . . . . . | Grand-duché de Saxe-Weimar. . . . . . . . | 24 juin 1822. / 25 mai 1835. / 27 juin 1823. / 30 mai 1833. |
| 4 | Anhalt-Bernburg. . . . . | Duché d'Anhalt-Bernburg.. | 10 octobre 1825. / 17 juin 1826. / 17 mai 1831. |
| 5 | Villages de Lipperode, Kappel et Grevenhagen. . . | Principauté de Lippe-Detmold. . . . . . . . | 9 juin 1826. |
| 6 | Villages de Rossow, Netzeband et Schœnberg. . . | Grand-duché de Mecklembourg-Schwerin. . . . | 2 décem. 1826. |
| 7 | Anhalt-Dessau. . . . . . | Duché d'Anhalt-Dessau.. . . | 30 mars 1827. / 17 juillet 1828. |
| 8 | Anhalt-Kœthen.. . . . . . | Duché d'Anhalt-Kœthen. . | 17 juillet 1828. |
| 9 | Grand-duché de Hesse-Darmstadt.. . . . . . . | . . . . . . . . . . . . . | 14 février 1828. |
| 10 | Bailliage de Volkenrode. . | Duché de Saxe-Cobourg-Gotha. . . . . . . . | 4 juillet 1829. |
| 11 | Bailliage de Meisenheim. . | Landgraviat de Hesse-Hombourg. . . . . . . | 26 juin 1833. |
| 12 | Principauté de Lichtenberg. . . . . . . . . | Duché de Saxe-Cobourg-Gotha. . . . . . . | 31 décem. 1829. / 6 mars 1830. |
| 13 | Principauté de Birkenfeld. | Grand duché d'Oldenbourg. | 24 juillet 1830. |
| 14 | Principauté de Waldeck. . | Principauté de Waldeck et de Pyrmont. . . . . . | 16 avril 1831. |
| 15 | Hesse-Electorale. . . . . . | . . . . . . . . . . . . . | 25 août 1831. |
| 16 | Royaumes de Bavière et de Würtemberg y compris les 2 principautés de Hohenzollern-Siegmaringen et Hohenzollern-Hechingen considérées comme enclaves, et déjà réunies au Würtemberg par le traité du 28 juillet 1824. | . . . . . . . . . . . . . | 22 mars 1835. |
| 17 | Royaume de Saxe. . . . . | . . . . . . . . . . . . . | 30 mars 1833. |
| 18 | Grand-duché de Bade. . . | . . . . . . . . . . . . . | 12 mai 1835. |
| 19 | Duché de Nassau. . . . . | . . . . . . . . . . . . . | 10 décem. 1835. |
| 20 | Ville libre de Francfort-sur-le-Mein. . . . . . | . . . . . . . . . . . . . | 2 janvier 1836. |
| 21 | Principauté de Blankenburg et bailliage de Walkenried. . . . . . . . | Brunswick. . . . . . . | 1837. |

## ÉTENDUE DE L'ASSOCIATION DOUANIÈRE ALLEMANDE.

| NOMS DES PARTIES QUI LA COMPOSENT. | POPULATION. | MILLES CARRÉS. |
|---|---|---|
| Prusse. . . . . . . . . . | 13,690,653 hab. | 5,157,21 |
| Bavière. . . . . . . . . . | 4,251,118 | 1,477,26 |
| Saxe. . . . . . . . . | 1,595,688 | 271,68 |
| Würtemberg. . . . . . | 1,631,779 | 385,15 |
| Bade. . . . . . . . . . | 1,232,185 | 279,54 |
| Hesse-Électorale. . . . . | 640,674 | 182,10 |
| Grand-duché de Hesse. . . | 769,691 | 179,25 |
| Thuringe, composée, savoir : | | |
| A. Cercles prussiens d'Erfurt, Schleusingen, Ziegenrück et villages prussiens de Kischlitz, Mollschütz et Altlœbnitz. .  88,554 | | |
| B. Cercle de Schmalkalden à la Hesse-Electorale.  25,153 | | |
| C. Saxe - Weimar, excepté les bailliages d'Allstædt d'Oldisleben et d'Ostheim. . . . . . .  266,664 | | |
| D. Saxe-Meiningen. . . . . .  146,224 | | |
| E. Saxe-Altenbourg. . . . .  117,921 | | |
| F. Saxe - Cobourg, excepté les bailliages de Volkenrode et de Kœnisberg.  129,740 | | |
| G. Schwarzbourg-Sondershausen, partie supérieure. . . . . . . .  25,750 | | |
| H. Schwarzbourg - Rudolstadt, part. supérieure.  50,535 | | |
| I. Reuss-Schleitz avec 20,580 hab.; Greitz, 30,293; Lobenstein et Ebersdorf, 21,394; Gera, 27,395; ensemble. . . .  99,626 | | |
| J. Enclave bavaroise de Klausdorf. . . . . . .  454 | | |
| TOTAL pour la Thuringe. . . | 908,478 | 233,49 |
| Duché de Nassau. . . . . . | 373,601 | 82,70 |
| Ville libre de Francfort. . . . | 60,000 | 4,33 |
| TOTAL. . . . . | 25,153,847 hab. | 8,252,71 (1) |

(1) Nous avons emprunté ce tableau au travail publié par M. Th. Fix, dans la *Revue Française*, tome XI, Cahier de mars 1839, p. 170 et 171.

# CHAPITRE II.

Influence de l'association commerciale allemande, sur la prospérité des peuples associés, sur le développement de leur industrie, sur l'extension de leur commerce extérieur. — Examen de cette question, spécialement dans ses rapports avec la Prusse, le grand-duché de Hesse, le royaume de Saxe, et le grand-duché de Bade.

Nous avons fait l'histoire de l'association commerciale allemande, nous avons vu comment le système prussien s'était successivement étendu à la plus grande partie de l'Allemagne; il nous faut examiner actuellement quelle est déjà l'influence produite et quelle sera l'influence future de cette association sur la prospérité des peuples associés, sur le développement de leur industrie et l'extension de leur commerce extérieur. Pour arriver à l'examen complet de cette thèse en lui donnant toute l'étendue dont elle est susceptible, il nous a semblé que la marche à la fois la plus logique et la plus rationnelle était d'exposer d'abord les circonstances et les obstacles contre lesquels l'industrie allemande eut à lutter dans le principe, les résistances dont ce système a été l'objet au fur et à mesure de ses progrès, les craintes et les inquiétudes des fabricants et du commerce en général, et enfin l'état comparatif de l'industrie, en Prusse d'abord, puis dans les autres pays associés, avant et après la mise en vigueur de la loi de 1818.

Trois États nous ont semblé, outre la Prusse, avoir une importance spéciale : le grand-duché de Hesse, comme ayant adhéré le premier au traité ; le royaume de Saxe, comme pays d'industrie et de fabrique, et comme centre géographique de l'Allemagne ; le grand-duché de Bade enfin comme pays rhénan et frontière. Nous avons cru devoir leur accorder une attention toute particulière.

L'examen de ces faits spéciaux nous amènera naturellement ensuite à chercher les avantages généraux qui sont résultés de cette association pour tous les pays qui y ont pris part.

Lorsqu'en 1818 on promulgua la législation nouvelle, l'industrie allemande était loin d'être dans une situation florissante. Ses fabriques par exemple, sans protection contre la concurrence étrangère, étaient obligées de lutter, sans autre secours que leurs propres forces, contre les cotons de l'Angleterre, les soieries de la France, tandis que les lois anglaises sur les céréales réagissaient d'une manière déplorable sur son agriculture. Quelques autres circonstances particulières rendirent encore la position plus pénible. La filature mécanique importée d'Angleterre, vint faire une redoutable concurrence au filage à la main qui faisait vivre l'Ermeland. D'un autre côté, le gouvernement français, cédant aux clameurs irrationnelles des petits filateurs du nord de la France, grevait d'un droit effrayant les fils de lin fin que les provinces de l'ouest préparaient avec une supériorité marquée, et ne laissait entrer les quincailleries que contre le droit à peine croyable de 133 p. 100. D'un autre côté, on fermait à ses tissus de laine l'entrée de la Russie et de la Pologne, ainsi que le grand marché de Kiachta.

A ces craintes des fabricants, aux inquiétudes mêmes qui travaillaient secrètement le gouvernement, opposons les résultats de la législation douanière, résultats positifs aujourd'hui, justifiés par l'expérience de la manière la plus éclatante, et aussi authentiques que peuvent nous les fournir les statistiques et les sources officielles. Elles nous apprennent que si le gouvernement prussien avait cru devoir promettre d'aider jusqu'à la concurrence de 50,000 écus (187,500 fr.) les manufactures de coton qui pourraient avoir à souffrir de la concurrence étrangère (1), non-seulement personne ne se présenta pour avoir part à ce secours, mais que le nombre des métiers s'augmenta de 1819 à 1825 de 60 p. 100. L'importation des fils de coton destinés à être travaillés dans le pays, qui jusqu'à 1823 avait été d'environ 51,000 quintaux, fut doublée jusqu'à 1829, et monta

____

(1) *V.* Historisch-politische Zeitschrift, 1855, p. 87, et Biblioth. univers. de Genève, octobre 1837, p. 241.

même jusqu'à 111,000 quintaux. Au bout de quelque temps, on put se passer des cotons imprimés que fournissaient auparavant les fabriques étrangères. Les craintes des fabricants de soieries étaient plus sérieuses. Vouloir faire concurrence aux soieries françaises, qui depuis longtemps étaient sans rivales sur les marchés du monde entier, semblait une témérité, une folie. Bien que cette tentative eût toute espèce de raison de ne pas espérer de succès, cependant l'importation de la soie brute, colorée et non colorée, monta à plus de 1,000 quintaux, et on vit s'élever aussi dans une proportion correspondante l'exportation des tissus de pure soie et demi-soie. On a calculé que la valeur des étoffes exportées dépassa de beaucoup celle de la soie brute importée, bien qu'une partie fût restée dans le pays pour y être livrée à la consommation intérieure. En peu d'années le nombre des métiers fut presque doublé.

Que se passait-il à la même époque en France ? Les prohibitionnistes les plus exaltés, ceux qui avaient prôné les mesures restrictives comme le seul moyen de salut, étaient réduits, quelques années après, à avouer honteusement : « Que les lois, comme celle « de 1816, qui avait prohibé les tissus de coton « étrangers, n'avaient pas produit tout le bien qu'on « en attendait ; qu'en donnant aux manufacturiers « indigènes une trop grande protection, on les avait « dispensés du besoin de chercher la perfection et la « beauté. » Aussi vit-on bientôt l'exportation se ré-

duire à rien. Il en fut de même pour les tissus de
soie dont l'exportation, qui en 1815 avait été de
1,103,716 kil., était tombée en 1826 à 761,757 kil.

Si, à la faveur de la liberté, l'industrie prussienne
obtint de pareils succès dans la fabrication des produits étrangers, quels ne durent pas être ses progrès
dans la fabrication des produits indigènes, tels que la
laine et le lin? l'exportation des tissus de laine s'éleva
en 1823 à plus de 68,000 quintaux; les métiers à tisser
le lin s'accrurent de plus de 45,000 de 1819 à 1822, et
jusqu'à 1825 de près de 10,000. En 1827 on exporta,
malgré les progrès déjà constatés de l'industrie métal-
lurgique, 12,000 quintaux de minerai de fer de plus
qu'on n'en importa; mais déjà en 1831 l'importation
dépassait l'exportation de 36,000 quintaux. L'industrie s'était emparée de tous les produits indigènes (1).

Toutefois, malgré les résultats que nous venons
de signaler, on ne peut se dissimuler que la Prusse,
en s'isolant ainsi de ses voisins, et en se faisant pour
elle une législation à part, n'ait dans le principe em-
piré peut-être la situation du reste de l'Allemagne.
On aurait du moins pu le croire, si on avait alors con-
sulté l'opinion publique. Le nouveau système traitait
absolument de la même manière les pays étrangers
et les pays allemands qui confinaient à ses frontières.
De là de nombreuses attaques et de vives recclama-

_____

(1) *V.* Historisch-politische Zeitschrift, p. 87 et suivantes, 1835, premier
cahier.

tions; on alla même jusqu'à l'accuser d'être prohibitif. Comment la Prusse répondit-elle à ces attaques?
en persistant avec constance dans ses principes; et on
ne peut que la louer de les avoir appliqués d'une
manière égale, tant à l'étranger qu'aux autres États de
l'Allemagne. Agir ainsi d'après des principes arrêtés
et uniformes était assurément la meilleur moyen de
prouver qu'elle n'était point dirigée par des motifs
d'hostilité personnelle, et en même temps de populariser son système et de lui gagner des convictions.
Néanmoins quelques intérêts furent blessés; c'était
inévitable. Il ne faut donc pas s'étonner si dès lors
il s'éleva une opposition assez vive à laquelle prirent
part, non-seulement des particuliers, mais des États
voisins. La Hesse-Électorale recourut sans tarder aux
mesures de rétorsion les plus décisives. Le 17 septembre 1849, parut à Cassel une loi dont les dispositions, évidemment dictées par des sentiments de
jalousie contre la Prusse, faisaient sentir l'opportunité
des représailles, et élevait, à cause de leur provenance
de 2 à 6 écus (7 fr. 50 c. à 22 fr. 50 c.) par quintal,
le droit de transit perçu précédemment sur les tissus
de coton, les chapeaux de castor, les cuirs, les soieries, les quincailleries, etc., de la Prusse; et pour le
cas où ces objets devraient rester dans le pays les grevait, à l'exception toutefois de l'eau-de-vie, de droits
énormes. Les produits qui furent les plus imposés
furent les cuirs pour semelles, les tissus de pure
soie, les fers et aciers. Pour plus de sûreté, on éten-

dit même les droits sur les cuirs au cuir hollandais,
et en général à tous ceux qui arrivaient par la Prusse.
En même temps, sur la terre de pipe dont les fabriques prussiennes pouvaient difficilement se passer,
on mit un droit de sortie de 16 gros (2 fr. 50 c.) par
quintal ; la flanelle, la serge rase, et d'autres tissus
de laine analogues furent entièrement prohibés.

Quelques places prussiennes, comme Malmédy et
Erfurth, cette dernière bien innocemment, car elle
était dehors de la ligne de douanes, souffrirent
cruellement de ces dispositions. On fut un moment
indécis à Berlin pour savoir si on n'userait pas de
représailles. Cependant, après quelques hésitations,
le gouvernement resta invariablement attaché à son
principe. On se contenta d'ordonner à l'envoyé prussien à Cassel de faire des représentations officieuses
et confidentielles sur l'inopportunité de pareilles mesures. A son tour, la Hesse fut embarrassée de savoir
comment elle se retirerait du pas où elle s'était en-
gagée ; aussi saisit-elle avec empressement l'occasion
qui s'offrit lors de la révision générale du tarif des
douanes en 1820. La commission nommée à cet effet
ne termina son travail qu'en avril 1824, et la loi fut
publiée le 21 juin suivant. On y faisait disparaître la
plupart des restrictions adoptées contre la Prusse ;
on maintint seulement un droit plus élevé sur les
cuirs pour semelles.

La Saxe, de son côté, et le commerce de Leipzig
en particulier, firent aussi entendre leurs griefs ;

mais là se borna leur opposition : le gouvernement ne prit aucune mesure de représailles, et quelque temps après la réaction ne tarda pas à se faire sentir (1).

Ces réflexions générales nous conduisent naturellement à examiner comment ce traité fut considéré dès le principe par les populations mêmes qui se réunirent au système prussien, et à opposer les craintes et les inquiétudes qu'il fit naître à ses résultats définitifs. Nous espérons qu'après cet exposé comparatif, les faits parleront assez d'eux-mêmes pour nous dispenser de toute espèce de commentaire.

Le grand-duché de Hesse est, ainsi que nous l'avons vu, le premier pays un peu important de l'Allemagne qui ait adhéré au système prussien. Lorsque le traité fut mis à exécution, et qu'il y eut ainsi fusion entre les deux États, les districts vinicoles de la Moselle craignirent de voir cesser ou du moins diminuer l'écoulement de leurs produits par suite de la concurrence des vins hessois. Parmi les fonctionnaires et les savants, il se trouva des hommes de l'ancienne école qui contestaient l'utilité du traité, et accusaient lo gouvernement d'avoir négligé ses intérêts financiers. L'opposition des chambres hessoises tâcha même d'exploiter cet événement en sa faveur, tandis que la province de Starkenburg et les négo-

(1) *V.* Historisch-politische Zeitschrift, p. 108-115, 1855, premier cahier.

ciants de Darmstadt s'écriaient que le nouvel état de choses allait infailliblement ruiner leur commerce avec Francfort.

Ce qui augmentait encore les craintes était de voir les douaniers prussiens chargés, dans le grand-duché, de l'administration et du service. La plupart des États de l'Allemagne en conçurent des inquiétudes : l'Autriche vit avec jalousie une tentative qu'elle considérait comme un empiétement politique; la diète à Francfort s'en émut formellement. Aussi quand la contre-ligue se forma à Cassel entre 18 états, avait-elle pour but de s'opposer aux progrès d'une influence qu'elle croyait plutôt politique que commerciale.

Peu à peu cependant les avantages furent si palpables qu'il devint impossible de les contester. Les exportations hessoises s'élevèrent à un chiffre énorme : le prix du tabac monta de 4 à 11 florins (2); celui du vin, de 30 à 40 p. 0/0; les céréales, les semences, l'huile, l'eau-de-vie, les plantes légumineuses, de 10 à 15 p. 0/0; les autres produits, dans une proportion analogue. Les fabriques de cuirs, de draps, de grosses toiles, reçurent une impulsion nouvelle, et leurs bénéfices ne furent nullement contrariés par les bénéfices plus grands encore des fabriques prussiennes. Le commerce de Mayenne s'accrut, ainsi que celui d'Offenbach, dans une pro-

_______

(1) Le florin = 2 fr 15 c $^{14}/_{97}$.

gression rapide, et les fabricants de ces deux villes, à l'exemple de ceux de Malmédy et de Montjoie, crurent devoir envoyer au gouvernement des adresses de reconnaissance. En septembre 1828, trois mois seulement après la mise en vigueur du nouveau système, son heureuse influence se faisait sentir dans toutes les parties de l'Union ; le commerce de transit même s'était augmenté. Quelques légères entraves qui vinrent gêner le petit commerce qui se faisait aux frontières ne purent balancer des avantages aussi incontestables. Enfin les résultats financiers furent en faveur de l'Union : le mois d'octobre 1827 avait produit 50,000 florins; le même mois de 1828 en rendit 65,000; et le compte officiel présenté aux États, le 4 novembre 1829, prouva que non-seulement ces avantages n'avaient pas été passagers, mais que la progression était constante. D'après ces documents, on avait exporté de Hesse en Prusse, du 1ᵉʳ juillet 1828 au 1ᵉʳ juillet 1829, pour une valeur de 3,198,431 florins de produits indigènes, qui, avant le traité, auraient dû acquitter à la Prusse un droit d'entrée de 871,429 florins. Non-seulement les vendeurs avaient bénéficié de cette somme, mais une grande partie de cette exportation n'eût pu se faire sous l'ancien ordre de choses. Les prix de tous les articles d'exportation étaient montés, terme moyen, de 20 p. 0/0; quelques autres, les vins, par exemple, bien plus encore. Il était en outre complètement prouvé que les fabriques hessoises, où les salaires étaient plus bas, pourraient non-seulement lutter avec les fabriques prussiennes, mais encore trouver vers la Prusse des débouchés avantageux. Aussi le nombre des ouvriers alla-t-il en augmentant. D'autres données, que nous pouvons considérer comme certaines, bien qu'elles n'aient pas un caractère officiel, nous apprennent enfin que, dans les seize premiers mois, les caisses du grand-duché reçurent 400,000 florins de plus qu'auparavant, dans un égal espace de temps (1).

La Saxe conçut aussi d'assez vives inquiétudes; elle pensait que si son transit n'était pas tout à fait entravé, il serait au moins considérablement diminué; que ses fabriques ne pourraient plus à l'avenir faire concurrence aux fabriques prussiennes, et que les ouvriers verraient se fermer pour eux leurs débouchés sur les foires et les marchés de la Prusse. On redoutait surtout l'anéantissement du commerce qui se faisait entre les frontières de la Saxe et la province prussienne de la Saxe. Le commerce de commission, celui des foires de Leipzig, se croyait menacé d'une ruine totale par suite des droits de transit et du contrôle plus sévère introduit par la législation nouvelle. Les négociants enfin redoutaient de voir se transplanter en Prusse plusieurs branches d'industrie avantageuses à la Saxe.

(1) *V.* Historisch-politische Zeitschrift, p. 113-128, 1855, premier cahier.

D'un autre côté, une pétition signée par cent propriétaires de maisons de Leipzig exprimait la crainte de voir leurs immeubles se déprécier entièrement ; les villes de l'Elbe et de la Lusace, Dresde notamment, firent entendre des plaintes fort vives sur la diminution future du commerce de transit ; enfin, les consommateurs aussi réclamèrent, ils craignaient le renchérissement des marchandises étrangères, surtout des denrées coloniales et des vins.

Ces plaintes étaient-elles fondées ? Les droits d'entrée que le nouveau tarif mettait sur les denrées coloniales, les vins, les eaux-de-vie, la bière, les objets les plus importants de tous, sans contredit, sous le rapport financier, étaient moins élevés que par le passé : l'ancienne accise était comptée dans le nouveau tarif pour un tiers de moins qu'elle ne rapportait réellement : autrefois l'importation des produits fabriqués étrangers était ou prohibée ou rendue impossible ; maintenant, à l'exception des cartes à jouer, elle était généralement permise, et le droit ne devait pas dépasser, terme moyen, 10 p. 0/0 de la valeur. Si les fabriques saxonnes s'étaient mieux trouvées de l'ancien système, il ne fallait l'attribuer qu'au relâchement avec lequel la Prusse maintenait sa législation à cet égard. Malgré tout, les résultats parlèrent bientôt, et la Saxe, comme le grand-duché de Hesse, ne tarda pas à reconnaître les avantages du nouveau système. Ainsi, en 1833, la valeur des produits fabriqués expédiés de la Saxe en Prusse dépassait de

2,185,930 écus la valeur des produits prussiens expédiés en Saxe. L'exportation, à l'exception de la laine, du fil brut, des peaux, du chanvre, et de quelques autres articles insignifiants soumis à un léger droit, était franche. Autrefois beaucoup d'articles importants pour la Saxe, notamment la laine, étaient tout à fait prohibés. Le transit avait été singulièrement facilité, diminué de droits sur quelques routes. Des modifications, plus dans la forme que dans le fond, devaient après tout être indifférentes au gros commerce. Enfin, le transit de la Saxe à travers la Prusse, vers la Pologne et la Russie, n'avait jamais été meilleur marché.

L'expérience vint donc prouver que le commerce saxon était sous l'empire d'une peur irrationnelle, bien qu'excusable. Aussi dès ce moment la réaction était faite, et la Saxe ne songea plus qu'à se frayer les voies vers une fusion avec le système prussien.

Ce sont actuellement ses résultats qui nous restent à constater. Si nous croyons devoir consacrer à cet examen une certaine place dans notre travail, il faut songer que la Saxe, malgré la petitesse de son territoire, contient une des populations les plus industrieuses de l'Allemagne, et que sa position centrale qui contribuait en même temps à vivifier ses relations commerciales, donnait à son adhésion une plus grande portée qu'à celle de tout autre état de la confédération germanique.

Quelle était, à l'époque dont nous parlons, la position de la Saxe en général, et celle du commerce de Leipzig en particulier?

Sa foire n'était plus, comme autrefois, le centre d'un commerce colossal entre le sud et l'ouest d'un côté, le nord et l'est d'un autre. Les Anglais n'y venaient plus, comme par le passé, s'y approvisionner d'une partie de leurs produits manufacturés, qu'ils déversaient ensuite sur les diverses places du continent européen; les juifs polonais, qui s'étaient emparés presque exclusivement du commerce des frontières russopolonaises, n'y arrivaient plus qu'en petit nombre: les relations avec Constantinople, en devenant chaque jour plus directes, diminuaient sensiblement son commerce avec la Moldavie et la Valachie, et pour comble de malheur, les gouvernements environnants, par l'adoption de mesures restrictives, portaient un coup terrible à son commerce et à son industrie. Par son tarif du 1ᵉʳ (13) janvier 1822, la Russie éleva la plupart des droits d'entrée, et prohiba plusieurs articles. La Prusse, il est vrai, resta fidèle à son système, à la législation de 1818; mais, par suite de la baisse des prix, son tarif n'était plus de 10 p. 0/0 de la valeur des marchandises. Le droit de 50 à 55 écus par quintal sur les tissus de coton était l'équivalant d'un droit de 60 à 70 p. 0/0 dans certaines circonstances.

L'Autriche, bien qu'en ne gardant pas assez ses frontières pour empêcher une forte contrebande, tenait à son système prohibitif. La plupart des états du sud de l'Allemagne enfin avaient des tarifs hostiles.

Ainsi la Saxe, cernée partout par des lignes de douanes, menacée même, surtout du côté de la Prusse, dans son commerce de transit, par la crainte d'une élévation dans les tarifs, réduite par la perte de ses provinces les plus productives, les plus industrieuses et les plus peuplées, à celles qui étaient le moins favorisées de la nature, ne trouvait d'autre compensation que son commerce sur les frontières et celui qu'amenait la fréquentation de ses foires. Était-elle suffisante pour l'indemniser des avantages qu'elle avait perdus ?

Pour remédier au mal, il fallait d'abord le signaler. Or, le commerce et l'industrie de l'Allemagne, et en particulier de la Saxe, souffraient surtout par suite des causes suivantes :

1° Encombrement sur les marchés de produits étrangers ;

2° Diminution des débouchés vers le nord ;

3° Entraves au commerce régulier dans l'intérieur de l'Allemagne.

4° Manque de fonds de roulement par suite du défaut de crédit qui affectait les entreprises commerciales et industrielles.

Le commerce intérieur n'avait pas de base ; on n'avait pas de garanties pour le succès des entreprises industrielles, et les capitaux employés dans des fabriques ou dans des achats d'ustensiles semblaient jetés dans un abîme.

Lorsqu'en janvier 1828, le grand-duché de Hesse

se réunit à la Prusse sous des conditions favorables, la Saxe vit alors que sa position géographique lui faisait un devoir de s'occuper sérieusement de prendre un parti, si elle ne voulait pas être enveloppée de toutes parts. Ce devoir était devenu pour elle encore plus urgent depuis la dissolution de l'Union commerciale du centre de l'Allemagne, dont nous avons déjà parlé: elle songea aussi à se réunir. L'expérience avait démontré que l'accession au système prussien ne compromettait nullement ni l'indépendance politique ni l'avenir financier du pays; il ne restait donc plus qu'à examiner de quel poids elle pouvait peser dans la balance des intérêts matériels.

L'industrie la désirait depuis longtemps; le commerce découragé souhaitait un changement, quel qu'il fût, et espérait faire de Leipzig le centre du commerce intérieur.

Le commerce des produits manufacturés, dont nous nous occuperons d'abord, n'était pas sans inquiétude sur les priviléges et les bonifications de droits dont jouissaient les marchandises apportées à Francfort-sur-l'Oder. Ils ne profitaient qu'aux sujets prussiens; mais il est vrai de dire aussi qu'ils y venaient à peu près seuls, tandis que Leipzig étant un point central, ce qui eût tourné à l'avantage des sujets des autres États eût été au détriment de la Saxe. Toutefois la première impression fut favorable : à la foire qui suivit la réunion, il y eut grande affluence d'acheteurs et de vendeurs. Les propriétaires de maisons, ceux-là

même qui avaient pétitionné contre l'adhésion, furent
les premiers à ressentir son heureuse influence : les
locaux qui pouvaient servir à la vente, et qui, dans les
derniers temps, n'avaient pu se louer, ou s'étaient
mal loués, furent recherchés de toutes parts : la concurrence en fit monter le prix au double, quelquefois au triple des prix antérieurs. Si quelques vendeurs timides crurent dans le principe devoir s'abste-
nir, c'est un fait constant que le nombre des acheteurs
ne cessa de s'augmenter.

Si, malgré tout, le commerce de Leipzig a été en
décroissant, ce n'est pas au traité de douanes qu'il faut
l'attribuer, mais bien, 1° à l'extension de l'industrie
russe, qui remplaça des produits étrangers par des produits indigènes analogues, et à l'élévation de ses tarifs;
2° à la surveillance sévère organisée sur les frontières
russe et polonaise qui empêcha la contrebande, et res-
treignit les transactions au commerce des frontières ;
3° à l'incorporation de la Grousie dans le système
de douanes russes, et à la perte du grand marché de
Tiflis ; 4° enfin à l'extension qu'ont pris à Constantinople les établissements français et anglais, et à l'accroissement de Trieste devenue une place importante
de commission pour les marchandises étrangères.

Les fils de coton, si indispensables à l'industrie,
furent, après l'adhésion, importés non-seulement
en quantités égales, mais on put remarquer une
augmentation sensible sur le chiffre représentatif
des quantités destinées à la consommation intérieure;

ce qui impliquait nécessairement les progrès de l'industrie indigène.

Les transactions qui avaient pour objet le commerce du fil, loin de languir, ont reçu une impulsion nouvelle.

Quant au commerce des tissus de coton étrangers, s'il a beaucoup souffert, surtout aux frontières, nous devons dire qu'à l'intérieur des Etats de l'Union, l'importation de ces articles, surtout de ceux d'origine anglaise, a considérablement diminué. On dut en partie ce résultat à l'élévation des tarifs qui se prélèvent d'après le poids. Quelque dommageable toutefois qu'il fût pour les négociants dont les opérations roulaient principalement sur le commerce des tissus de coton étrangers, il n'en prouve pas moins d'une manière évidente que l'industrie indigène avait su remplacer le vide causé par la diminution des articles d'importation, car il est peu probable que les besoins eussent diminué. Cet effet, du reste, si tant est qu'on veuille le considérer comme nuisible, fut largement compensé :

1° Par la plus grande fréquentation des foires saxonnes;

2° Par l'accroissement de la clientèle qui désormais était celle de tout le territoire confédéré;

3° Par l'établissement de relations nouvelles avec des places au delà des mers;

4° Par la substitution d'articles indigènes aux articles étrangers.

Nous en dirons autant des tissus de laine d'origine
étrangère. Les importations ont diminué, mais par
contre celles des fils anglais nécessaires à la fabrication des mérinos ont beaucoup augmenté. Aujour-
d'hui on soutient victorieusement la concurrence
avec l'Angleterre.

On s'est plaint du tarif établi sur les fers, bien
qu'il fût inférieur à celui des autres pays, et qu'il
n'imposât le fer forgé passé au laminoir ou au dé-
coupoir et la tôle qu'à 3 écus (11 fr. 25 c.), le fer-
blanc à 4 écus (15 fr.), la quincaillerie commune à
6 écus (22 fr. 50 c.) et la fine à 10 écus (37 fr. 50 c.) le
quintal. Mais si ces tarifs ont excité des plaintes, c'est
surtout parce que l'Allemagne ne produit pas assez de
fer pour la satisfaction de ses besoins. On l'a si bien
senti, que le tarif contient une réduction de droit en
faveur du fer forgé et des rails pour chemins de fer.
Ce dernier article n'est plus soumis qu'à un droit
d'un écu (3 fr. 75 c.) par quintal (1).

Malgré des réactions désavantageuses, les foires
de Dresde ont visiblement gagné en activité.

On ne peut évaluer que d'une manière approximative l'influence du traité de douanes sur la consommation du coton brut, puisqu'il entre en franchise; seulement nous savons que l'importation en
Saxe fut en 1829 de 79,124 quintaux, en 1830 seule-

(1) *V.* Vereins-Zoll-Tarif für die Jahre 1840-1841 und 1842, zur Erhe-
bung der Eingangs-Durchgangs-und Ausgangszœlle, p. 8. Darmstadt, 1859.
Leske.

ment et, par exception, de 39,875 quintaux. D'après le nombre des broches en activité dans les filatures, on peut préjuger qu'elle est aujourd'hui de 80 à 90,000 quintaux.

Les bois de teinture, et en général toutes les matières premières servant à l'usage des fabriques entrant sans droits ou avec un droit modéré trouvent à l'intérieur une augmentation de débouchés. L'élévation des droits, au contraire, a agi temporairement sur le commerce des épices, du sucre, du café et autres produits coloniaux ; toutefois si sur presque toute l'étendue du cours de l'Elbe, la navigation est devenue plus libre et plus facile (1), il faut reconnaître d'un autre côté que les villes saxonnes qui le bordent, Dresde, Pirna, Schandau, ont beaucoup souffert, et que de ce côté la Saxe a perdu par cet effet du traité de douanes au moins un commerce de transit de 300,000 quintaux par an. En effet, par sa topographie, la Saxe se trouvant aux frontières de l'Union, l'élévation du droit sur certains objets a donné une autre direction à la voie commerciale ; aussi, depuis l'accession, le commerce de ces objets s'est-il borné à satisfaire les besoins de la consommation intérieure. Si d'un autre côté l'activité commerciale a réagi d'une manière favorable sur la voie d'eau qui a été plus fréquentée, la Saxe n'en a reçu qu'une indemnité insuffisante.

_________

(1) *V.* Cunow, Sachsens Anschluss an den preussischen Zollverband, p. 2. Dresden und Leipzig, 1855. Arnold.

Les sucres eurent à supporter, outre l'acquittement du droit, la concurrence de l'industrie indigène. Le sucre brut payait dans le principe 11 écus (41 fr. 25 c.), les lumps 9 (33 fr. 75 c.); aujourd'hui les sucres en pains, en morceaux, en poudre blancs, et candis, paient seuls 10 écus (37 fr. 50 c.) par quintal, le sucre brut en farine 9 écus; tandis que les lumps et le sucre brut pour les raffineries nationales n'ont plus à acquitter qu'un droit de 5 écus et 1/2 et de 5 écus par quintal (2 fr. 62 c. 1/2 et 18 fr. 75 c.)(1). Hambourg, malgré les avantages qu'elle trouve à travailler les lumps, ne peut supporter la concurrence. Aussi, jusqu'aujourd'hui du moins, la consommation intérieure en sucre raffiné se satisfait exclusivement au moyen des raffineries de l'Union.

La consommation du café, malgré le droit de 6 1/2 écus (24 fr. 37 c. 1/2) par quintal, n'a pas diminué. Le traité de douanes a même été sous ce rapport favorable à Leipzig, qui, d'un côté, est devenue pour cet article et les épices le centre du commerce du pays, tandis que de l'autre la suppression du droit d'accise a ravivé avec l'intérieur de l'Allemagne ses relations, qui avaient presque entièrement cessé.

Le commerce des vins et des esprits est sans contredit celui qui a dû subir les plus grandes perturbations, bien que pour les achats un peu considérables,

_______

(1) Vereins-Zoll-Tarif für die Jahre 1840, 1841 und 1842, p. 24. Darmstadt, 1839. Leske.

les marchands jouissent, sur le droit de 8 écus (30 f.) par quintal, d'une bonification de 20 pour 100. Mais d'abord les fortes maisons seules peuvent jouir de cet avantage, ensuite les prix montèrent tellement, que la consommation étrangère, notamment celle des vins rouges français, fut sensiblement diminuée, surtout au profit des producteurs des vins du Rhin qui s'emparèrent de presque toutes les commandes. Comme d'autre part le transit vers la Bohême, qui autrefois était considérable, spécialement pour les liquides, a presque totalement cessé, on ne peut se dissimuler que sous ce rapport le commerce de ces produits n'ait subi, surtout relativement à la Saxe, un contre-coup défavorable.

Le commerce des cuirs au contraire, tout à fait tombé avant le traité de douanes, s'est relevé, et est parvenu, à Leipzig, à une grande prospérité. Auparavant il s'était concentré dans les villes prussiennes de la frontière, telles que Delitsch, Weissenfels, etc., afin d'échapper au droit que ces produits auraient dû payer pour entrer en Prusse; le commerce saxon se bornait donc à satisfaire les besoins de la consommation intérieure : mais depuis que les barrières sont tombées, que les droits ont été abolis, le commerce a repris sa position naturelle, y a retrouvé les capitaux, et là alors sont venus affluer les marchands de toutes les parties de l'Union.

Pour le commerce des laines, si le droit de sortie de 2 écus (7 fr. 50 c.) par quintal a un peu gêné les débouchés, les fabriques de l'Union ont reçu un redoublement d'activité qui, à son tour, a réagi d'une manière favorable sur les producteurs. Les affaires sont aussi devenues plus vives et plus nombreuses, les marchés à laines de Leipzig et de Dresde plus actifs, depuis surtout que la suppression des frontières intérieures a permis aux producteurs de la province prussienne de Saxe d'y apporter leurs laines.

La librairie et l'imprimerie, qui tiraient leurs papiers de la Bohême et de la Bade, souffraient dans le principe du droit de 5 écus ( 18 fr. 75 c. ) par quintal; mais la situation s'est améliorée depuis l'adhésion de la Bade, et chaque jour constate des améliorations nouvelles.

Les fabriques et l'industrie saxonnes durent prendre une grande extension, depuis surtout la mise en vigueur d'un système qui affranchissait le commerce à l'intérieur, donnait protection vis-à-vis de l'étranger, permettait enfin aux industriels de mettre leurs capitaux dans des machines et des constructions, et de s'assurer, en fondant des établissements sur une grande échelle, des produits plus lents, mais plus sûrs et à la fin plus élevés.

Pour les filatures de coton, les résultats obtenus et constatés sont remarquables. Depuis l'adhésion au traité de douanes prussien, cette branche d'industrie a pris une extension presque inouïe, et a entraîné dans son mouvement les industries corrélatives, telles par exemple que celle du tissage. Le nombre des broches fines présentait en 1833 , d'après une évaluation approximative, un total de 320,000, au plus de 340,000 ; au commencement de 1838 , il était d'environ 370,000, ce qui permettra de le mettre à 400,000 quand les établissements actuellement en construction seront terminés. L'exposition de l'industrie de 1831 constatait 361,202 broches en activité. En même temps, des machines plus perfectionnées ont amélioré la qualité ; on peut filer aujourd'hui des numéros plus élevés, et satisfaire ainsi sur une plus grande échelle les besoins de l'industrie indigène. La proportion a dû naturellement être moindre pour les filatures de laine, la laine étant un produit du pays. Cependant comme le marché s'est agrandi, cette industrie a gagné comme les autres. L'exposition de 1838 a donné , comparativement à celle de 1831 , les résultats suivants :

**FILS DE LAINE CARDÉE.**

|  |  |  |
|---|---|---|
| 1831 — | 48 filatures. | 37,676 broches. |
| 1838 — | 102  id. | 58,394  id. |
| Augmentation. | 54  id. | 20,718  id. |

**FILS DE LAINE PEIGNÉE.**

|  |  |  |
|---|---|---|
| 1831 — | 10 filatures. | 7,210 broches. |
| 1838 — | 14  id. | 19,620  id. |
| Augmentation. | 4  id. | 12,410  id. |

Il n'existe pas, à proprement parler, de filature

de lin : il se file à la main. Cependant l'industrie a gagné au traité la suppression de l'accise à la frontière de 12 gros ( 1 fr. 87 c. 1/2 ) par quintal, et celle de 4 gros ( 0, 61 c. 1·2 ) à la sortie de la Lusace, ce qui facilite les exportations vers la Bohême.

L'industrie qui s'occupe du tissage, de l'impression et de l'apprêt des cotons est une de celles qui ont recueilli du traité de douanes les plus grands avantages. Il s'est opéré en elle une révolution véritable depuis qu'en lui ouvrant un marché de 25 millions de consommateurs, et en lui permettant de lutter dans des circonstances plus favorables contre la concurrence étrangère, il lui a donné les moyens de faire avec sûreté des tentatives presque toujours heureuses d'amélioration. Les tisserands, écrasés auparavant par l'Angleterre, comprirent la nécessité d'appeler à leur aide les procédés mécaniques, et maintenant on commence à sentir les heureux effets de cette innovation. Non-seulement on fit venir de l'étranger des machines et des mécaniciens, mais la Saxe elle-même inventa des machines que l'Angleterre fut heureuse d'importer ensuite chez elle. Aujourd'hui, l'industrie saxonne dirige surtout ses efforts vers la solution de ce problème : remplacer par des articles indigènes les articles étrangers qui par leur poids ne sont plus, vu la baisse survenue dans les prix, en rapport avec le droit, et déjà elle a eu d'assez beaux succès. L'impulsion donnée s'est étendue à toutes les branches d'industrie. L'art, autre-

fois si incomplet, des apprêts, fait chaque jour de nouveaux progrès. De plus aujourd'hui on travaille en
grand, et on a pu amener dans les fabriques et les
établissements nouveaux la division du travail.

L'impression, surtout dans ses applications aux
étoffes de coton, a, depuis 1834, acquis une extension et une perfection croissantes. Le nombre des
métiers à imprimer s'est accru de 25 à 30 p. 100,
et déjà on songe à substituer aux anciennes métho-
des celle de l'impression par les cylindres.

Pour les tissus de laine et les draps, on sait dans
quel état d'imperfection se trouvait la fabrication en
Saxe. La division des forces productives les tenait,
pour ainsi dire, paralysées. Le traité, en étendant à
toute l'Allemagne les relations commerciales, et surtout en mettant les fabriques saxonnes en contact
avec les fabriques prussiennes, a beaucoup contribué
à amener une meilleure direction des efforts industriels. Déjà des symptômes favorables se sont révélés;
les draps exposés en 1838 à Dresde ont montré les
progrès surprenants qui avaient été faits dans les
divers districts du pays.

La fabrication des autres tissus de laine a présenté
des résultats analogues.

Pour les tissus obtenus avec des fils de laine peignée, ils étaient parvenus, surtout pour les qualités
fines, à un tel degré de perfection, que la protection
semblait inutile. On ne pouvait toutefois méconnaître les avantages produits par l'agrandissement

du marché, surtout dans les temps de crise commerciale.

Le commerce des toiles est resté stationnaire; on a pu remarquer cependant que, malgré le faible droit de 10 écus (37 fr. 50 c.) par quintal, il n'en entrait que peu dans les Etats de l'Union. Le linge damassé de la Lusace supérieure a trouvé des débouchés dans toute l'Allemagne par suite de la suppression des douanes intérieures.

La fabrication de la soie est en progrès malgré le droit peu élevé de 110 écus ( 412 fr. 50 c. ) par quintal, qui n'a pas empêché les fabriques prussiennes d'obtenir un assez haut degré de perfection. Les blondes de soie de l'Erzgebirge peuvent rivaliser avec les meilleures blondes françaises et belges.

Nous ne dirons rien de la fabrication des métaux, bien que cette industrie soit protégée par un droit qu'on regarde généralement comme très-fort, parce que la Saxe, outre qu'elle est écrasée par la concurrence de la Silésie, n'est pas dans de bonnes conditions pour produire; cependant depuis quelques années on a obtenu certains perfectionnements.

Le nombre des raffineries s'augmente sous la protection d'un droit qui permet difficilement la concurrence aux raffineries étrangères. En 1833 on n'en comptait qu'une seule; l'année suivante, quatre étaient en activité.

L'introduction de l'impôt sur les eaux-de-vie a tué, il est vrai, les petites fabriques, mais la production, et partant la consommation n'ont pas pour cela diminué. De 5,578 qui existaient dans le pays avant la mise en vigueur du traité, il n'en est resté que 1,486. Ce chiffre s'est élevé à la fin de 1835 à celui de 1,771, mais pour retomber à la fin de 1836 à celui de 1,684. Ce qu'il y a surtout de remarquable, c'est que les 1,684 distilleries ont donné presque autant de produits qu'antérieurement les 1,771. Dès lors que la production s'est accrue, que la fabrication par conséquent est devenue mieux entendue et plus régulière, on peut douter que la ruine des petites distilleries ait été un mal.

Les brasseries, soumises à un impôt analogue, se sont augmentées de 781 à 1,831 (année 1836), et cependant il fallait de grands efforts pour soutenir la concurrence des Etats voisins et surtout de la Bavière. Les progrès de la fabrication ont naturellement opéré une réaction favorable à la culture du houblon.

Jusqu'ici nous n'avons parlé que de l'industrie saxonne, il nous faut dire aussi quelques mots de son agriculture; mais auparavant nous ferons une observation générale. En Angleterre et surtout en France, l'industrie est en opposition avec l'agriculture; ce sont, pour ainsi dire, deux ennemies placées en face l'une de l'autre. L'Angleterre a cru et croit encore ne pouvoir se soutenir qu'au moyen des mesures violentes du bill des céréales. La France n'a jamais pu secouer le joug que fait peser sur elle le système mercantile. Nous avons déjà pu voir que

dans la confédération douanière allemande la liberté
du commerce a amené un équilibre naturel entre ces
intérêts divers (1).

Sans parler de la culture de la vigne qui a considérablement gagné, on comprendra facilement la
réaction favorable que les développements de l'industrie ont pu exercer sur l'agriculture, puisque c'est
elle qui lui livre une foule de matières premières.
Aussi, après le traité de douanes, le commerce du
bétail, des peaux, des suifs, du beurre, etc., a-t-il
pris une activité nouvelle (2).

Poursuivons actuellement sur un autre pays de
l'Allemagne, sur le grand-duché de Bade, la consta-
tation des influences exercées sur la prospérité des
peuples associés par la nouvelle fédération allemande.
Nous retrouverons les mêmes faits, les mêmes résultats que nous avons déjà signalés, c'est-à-dire
d'abord répulsion et opposition très-vive qui, peu à
peu, s'est affaiblie, et a disparu devant la connaissance plus vraie des intérêts généraux du pays. Nous
expliquerons ensuite les causes qui nous font croire

(1) *V.* Historisch-politische Zeitschrift, p. 91 et suivantes, 1833, premier
cahier.

(2) *V.* pour le royaume de Saxe surtout, l'ouvrage intitulé : *Quelle influence l'adhésion de la Saxe au traité de douanes prussien a-t-elle exercé
jusqu'à présent sur le commerce et l'industrie saxonne ?* Welchen Ein-
fluss auf dem Felde der sæchsischen Gewerbfleisses und Handels hat der
Anschluss des Kœn. Sachsen an den preussisch-deutschen Zollverein bis jetzt
gehabt? von J. H. Thieriot, Kœn, Sæchs. Kammerrathe, in-4°, 88 pages.
Leipzig, 1838. C. Cnobloch.

que la réunion a été tout aussi profitable au grand-
duché de Bade qu'aux autres États de l'association.

Déjà, dès 1831, elle avait été, même au sein des
Chambres, l'objet de débats assez vifs. Le député
Meyer, de Rastadt, notamment, était un de ses an-
tagonistes les plus déclarés. Les adversaires de la
mesure objectaient surtout que la Bade, merveilleusement placée pour le commerce de commission, re-
cevait de l'étranger la plus grande quantité du nu-
méraire en circulation chez elle; qu'elle devait au
peu d'élévation de ses tarifs, et à l'absence des vexa-
tions qui accompagnent toujours une législation res-
trictive, d'être regardée comme un pays fort heureux,
que les avantages de sa position commerciale étaient
reconnus et enviés par les habitants des pays mêmes
entrés dans la confédération, et que le gouvernement ne voyait pas sans frayeur tant l'accroissement
du personnel douanier que le nouvel état de choses
rendrait nécessaire, que la multitude de crimes qui
se commettraient aux frontières. La Bade ne pourrait
donc que perdre à changer sa position actuelle, et à
entrer dans l'association.

On ajoutait encore que les marchés de la Bade étaient
fréquentés par les Alsaciens, les Wurtembergeois et
les Suisses, qui venaient échanger contre de l'argent
des produits indigènes dont le prix était généralement peu élevé; que ce commerce était sur toute la
frontière du Rhin, et depuis Constance jusqu'à

Mannheim, une source intarissable de richesses; que
ces étrangers, uniquement attirés par le taux minime des tarifs, et l'absence presque totale de douaniers, n'y viendraient plus du moment que le droit
renchérirait les produits; que dans tous les cas ce
désavantage ne saurait être compensé par un plus
grand accroissement des débouchés; que si, par suite
de l'union, la Bade pouvait exporter sans entraves
son vin en Würtemberg et dans toutes les parties du
Rhin supérieur, elle en recevrait de bien plus fortes
quantités de la Bavière rhénane, et que sous ce rapport il y aurait désavantage. Les denrées coloniales,
qui, tarifées au prix minime de 1 florin 20 kreuzers
(2 fr. 87 c.) par quintal, entraient en énormes quantités, et étaient ainsi pour le trésor une source de
bénéfices, ne seraient plus consommées à l'avenir
dans le pays dans la même proportion, et malgré
l'élévation du droit, comme la quantité entrée serait
beaucoup moindre, l'Etat subirait des pertes considérables.

Cette opposition, malgré la faiblesse de ses raisons, semblait toutefois au premier abord d'autant
plus formidable que le député Meyer était cité dans
le grand-duché pour ses connaissances économiques
et commerciales, et que ses idées étaient alors assez
généralement partagées. Les partisans de l'union cependant ne laissèrent pas l'attaque sans réponse, et
exposèrent à leur tour l'heureuse influence qu'exer-
cerait sur les intérêts matériels du grand-duché de

Bade sa réunion à l'association des douanes allemandes.

On ne tarda pas du reste à reconnaître que beaucoup de bruits en circulation n'étaient nullement fondés, et qu'on s'était laissé aller à des terreurs exagérées et souvent imaginaires; on n'avait pas songé que si, *à cette époque*, l'accession de la Bade eût exigé un nombre considérable d'employés et de surveillants pour couvrir les frontières de Worms à Bâle, de Bâle au delà de Constance et au Mein, et du Mein au Rhin, c'est-à-dire sur une étendue de 220 lieues, la réunion de la Bavière et du Würtemberg réduirait cette longueur première à 90 lieues au plus, de Neubourg ( 2 lieues de Rastadt ) à Bâle, et de Bâle à la frontière wurtembergeoise du lac de Constance. Il n'y aurait plus de postes de douanes que sur les points où la Bade touche à la France ou à la Suisse. Ainsi, sous ce rapport même, la Bade ne pouvait que gagner à la réunion : mais ce n'était qu'un point accessoire, envisageons les intérêts généraux du commerce badois. C'était se tromper que de croire, ce que du reste l'expérience s'est chargée de prouver, que les Wurtembergeois, les Suisses, les Alsaciens ne viendraient plus en Bade, et il est incontestable que par l'agrandissement de son marché et la facilité des débouchés, la Bade gagnera plus qu'elle ne perdra par suite des causes exposées par les adversaires de la réunion.

Il est vrai que dans l'ancien état de choses le peu

d'élévation des droits permettait l'entrée en Bade d'une grande quantité de denrées coloniales qui étaient ensuite vendues pour la France ou la Suisse ; mais pourquoi ce commerce, si favorable au grand-duché, ne pourrait-il se continuer ? avec le système des entrepôts publics admis par la législation, et qui permet aux marchands de réexporter à l'étranger, sans payer les droits, les marchandises consignées, n'y aura-t-il pas pour eux de plus grands avantages encore que par le passé ?

Le député Meyer disait dans ses considérations que la Bade vendrait après comme avant son bois, sa poix et son chanvre ; c'est vrai, mais il aurait pu ajouter qu'il y avait certains produits, comme par exemple le tabac, qui ne pouvaient que gagner. Une foule de localités de la Hesse et de la Bavière rhénane tiraient de la Bade une grande quantité de tabac en feuilles qu'on leur vendait avec un surcroît de prix de 15 à 20 p. 100. Il était donc évident que la réunion, en supprimant le droit, devait augmenter le débouché, partant élever les prix, et procurer aux cultivateurs de cette plante des bénéfices plus considérables.

La question des vins a été également considérée sous un faux jour ; non-seulement la Bade n'a rien à craindre de la concurrence des vins de la Bavière rhénane, puisque ces vins étant expédiés vers les diverses contrées de l'Allemagne, se maintiennent toujours à un prix plus élevé que ceux de la Bade, mais encore ceux-ci trouveront dans la réunion une exportation facile et inconnue jusqu'alors vers la Bavière, la Hesse, la Hesse-Electorale, et même les autres pays de l'association.

De plus la Bade tirera des deux Hesses et de la Prusse du tabac fabriqué, tandis que la Bavière et le Würtemberg offriront à l'activité des fabriques badoises un marché toujours ouvert.

La Hesse lui fournira des draps ordinaires, la Prusse et la Saxe des qualités fines. Or, auparavant, c'était à la foire d'Offenbach qu'allaient s'approvisionner les marchands du grand-duché.

La Prusse rhénane, la Saxe, le Würtemberg lui enverront des tissus de soie, de coton et de laine.

De la Prusse, de la Bavière et de la Hesse rhénanes, la Bade recevra des cuirs; mais les contrées du Neckar et du Mein en exporteront une bien plus grande quantité.

Si on compare la valeur de tous les objets que la Bade tire des Etats de l'Union allemande, et si on en défalque la somme qu'elle eût dû payer pour leur entrée, on sera convaincu que la balance est en sa faveur, c'est-à-dire qu'elle exporte vers les Etats de l'Union une somme de produits indigènes supérieure à celle des produits importés.

Nous ne voulons pas ici nous livrer à une revue succincte et détaillée de l'industrie badoise, ce serait d'ailleurs dépasser les bornes de ce travail, car depuis le moment où ces plaintes et ces appréhensions se faisaient entendre, l'expérience a parlé, la

Bade s'est réunie au système des douanes allemandes,
et bientôt après on a pu y constater les mêmes résultats que dans le grand-duché de Hesse-Darmstadt,
la Bavière et le Würtemberg. Les avantages généraux
y ont de beaucoup surpassé les désavantages particuliers qui, lors de toutes les transitions possibles,
sont de nature à affecter momentanément quelques
industries, et ils ont paru à tous si saillants, si palpables, que l'opposition s'est trouvée désarmée.

En effet, des idées plus rationnelles et plus vraies
n'ont pas tardé à se faire jour, et à prévaloir contre
les préjugés populaires et des craintes imaginaires,
bien que ces idées aient été éloignées quelque temps,
tant par l'influence des négociants qui faisaient la
contrebande que par un reste de passion politique.
Toutefois, dans toute la Bade on s'aperçut bientôt
qu'on allait se trouver resserré entre la France et
les pays de l'association; et, nous ne craignons pas
de le dire, ce qui, au dernier moment, hâta surtout
la conclusion du traité, ce fut l'idée de se séparer
de l'Allemagne sous le rapport des intérêts matériels, sans pouvoir espérer la moindre compensation
de la part de la France, attachée plus que jamais à
son système prohibitif. L'adhésion à la grande fédération douanière allemande était au contraire le
seul moyen de la forcer à quelques concessions (1);

(1) *V.* Vaterlandische Berichte für das Grossherzogthum Hessen von
G. W. von Wedekind, 1er Heft, Januar 1835; p. 58-45, und 6es Heft.
Juni 1835, p. 546-548. Darmstadt. C. Dingeldey.

Ces résultats espérés par les partisans de la réunion ne tardèrent pas du reste à être constatés, ainsi qu'on peut le reconnaître, par le rapport présenté à la première chambre des États de Bade, dans leur session de 1837, par le conseiller Nebenius, au sujet de la révision triennale du tarif général des douanes. Il disait : « La commission ne doit pas manquer d'ex-
« primer sa satisfaction de ce que, dans la révision
« du tarif, le gouvernement grand-ducal n'a pas eu
« occasion de réclamer des mesures nécessaires pour
« éviter les inconvénients présentés par les adver-
« saires de l'union comme une conséquence immé-
« diate de l'adhésion de la Bade. Nous avons vu plutôt
« se confirmer l'opinion contraire, que le système de
« l'Union et son tarif étaient bien loin de blesser les
« intérêts de nos voisins non allemands, et que c'é-
« taient précisément les branches de notre commerce
« extérieur, pour nous sans contredit les plus im-
« portantes à cause de nos relations avec la France,
« qui étaient le moins affectées par le tarif de l'U-
« nion (1). »

Toutefois, malgré ces avantages incontestables que l'Allemagne a recueillis de ce nouveau système, malgré les développements qu'il a donnés à son indus-trie, on ne peut nier que l'avenir ne réserve à ce pays une transformation complète. L'Allemagne a

---

(1) *V*. Archiv. der politischen Œconomie und Polizeiwissenschaft von D<sup>r</sup> H. K. Rau, 3<sup>tes</sup> Band, 5<sup>ter</sup> Heft, p. 296 à 314. 1837. Heidelberg. Winter.

été jusqu'ici un pays agricole plus encore qu'industriel. Que l'essor donné à ses forces actives et à sa vitalité par la nouvelle association douanière continue encore quelques années, et l'Allemagne, cessant d'être un pays spécialement agricole, deviendra un pays industriel. Nous ne voulons pas dire qu'alors ce sera fait de l'agriculture dans cette contrée ; qu'elle y sera annulée, absorbée par la nouvelle direction donnée aux efforts industriels, mais elle n'y aura plus qu'une place secondaire. Dans une grande partie de l'Allemagne, le laboureur, ou plusieurs membres de la famille allient les travaux de la fabrique à ceux de la culture des champs. Il en résulte, d'un côté, un plus bas prix des salaires qui permet plus aisément la concurrence, de l'autre, pour le travailleur lui-même, plus d'occupation, plus de bien-être, plus d'aisance. Les bénéfices que peut lui assurer le cumul de ces deux industries le mettent plus facilement à l'abri des désastres, des crises, et en définitive, tournent au profit de son industrie spéciale, l'agriculture.

Mais qu'arrivera-t-il lorsque les développements de l'industrie, résultats progressifs et déjà prévus du nouveau système de douanes allemandes, auront créé de grands centres de fabrique, et que les nombreux métiers dispersés dans les campagnes et à l'entour des petites villes auront forcément succombé devant la redoutable concurrence des grandes usines et des grandes manufactures? Comment cette population , surtout celle des contrées méridionales que l'exubérance force annuellement à l'émigration, retrouvera-t-elle les bénéfices, le bien-être, les moyens de perfectionnement agricole dont l'aura privée le développement industriel?

Cet état de choses, dira-t-on, n'est pas encore près de se réaliser : les capitaux ne sont pas encore assez abondants en Allemagne pour qu'une transformation pareille, qui serait toute une révolution sociale, puisse s'y opérer d'un instant à l'autre. D'abord c'est une erreur de croire que l'Allemagne manque de capitaux, seulement ils n'ont pas encore toute la mobilité désirable, et du reste ils ne tarderont pas à l'acquérir. Les résultats dont nous parlons n'en viendront pas moins à se produire tôt ou tard; ce n'est donc qu'une question de temps; nous ne pouvions donc nous dispenser de signaler à l'attention un état de choses qui a désormais pris place dans les prévisions de l'avenir.

# CHAPITRE III.

Avantages généraux que tous les pays associés ont recueillis du nouveau système de douanes.

Les études spéciales que nous avons faites jusqu'ici sur les influences du traité de douanes nous ont fait connaître quels avantages en étaient résultés pour certains pays associés ; nous avons vu notamment l'heureuse influence que cette fédération douanière avait exercée sur les rapports industriels et commerciaux du royaume de Prusse et du grand-duché de Hesse, qui, le premier, avait adhéré. Des résultats analogues se sont révélés, lorsque nous avons poursuivi ce travail sur le royaume de Saxe et le grand-duché de Bade, que des causes que nous avons exposées plus haut recommandaient à une attention toute spéciale. Il nous reste maintenant à indiquer les résultats généraux du traité de douanes sur l'association entière. Un des plus grands, comme un des plus palpables, c'est l'immense économie qu'a dû nécessairement amener la diminution des frontières.

Tout le monde, en effet, a pu remarquer que le

produit net des douanes est d'autant plus considérable que le pays a une plus grande superficie comparée à une plus petite circonférence. Ainsi, moins sera grande l'étendue du territoire à défendre, plus les frais seront élevés, et réciproquement. Appliquons ces principes aux pays de l'Union allemande, nous reconnaîtrons quels frais leur imposait dans le principe la configuration arbitraire de ces états, et quels avantages pécuniaires ont été obtenus par la fusion. La Prusse, coupée par un état intermédiaire en deux grands corps de pays, semée tout autour d'elle de petits territoires enclavés, se trouvait, sans contredit, dans la position la plus fâcheuse. Sans parler du cercle d'Erfurt, qui était à part, et de ceux de Ziegenrück, de Schleusingen, de Wetzlar entièrement séparés, elle n'avait pas à couvrir moins de 1073 milles géographiques, tandis que ce chiffre se serait abaissé à celui de 284 milles, si elle avait formé un carré parfait. Ainsi, pour une superficie d'un peu plus de 5000 milles carrés, plus de 21 p. 0/0 du produit net devait, d'après les principes que nous avons développés plus haut, se trouver absorbé par les frais de garde et de surveillance des frontières. Dans les états inférieurs, le rapport de la superficie aux frontières était encore plus défavorable : ainsi la Bavière (avec 1337 milles carrés de superficie et 316 milles de frontières, en en exceptant le cercle du Rhin) présentait le rapport de 100 : 26 ; le Würtemberg (avec 359 milles carrés de superficie et 170 milles de frontières), celui de 100 : 50 ; le grand-duché de Hesse, pour 177 milles carrés de superficie, avait 161 milles de frontières, etc.

Pour rendre plus sensible les avantages généraux que les états de l'Allemagne ont retirés de cette union, nous croyons qu'il ne sera pas sans intérêt de suivre les développements et la marche successive de cette agglomération.

|  | m. |  |
|---|---|---|
| En 1819, la Prusse avait à garder une frontière de. . . . . . . . . . . . . . . . | 1073 | 17 |
| Par suite de l'adhésion de la partie supérieure du duché d'Anhalt-Bernburg en 1823, suivie, en 1828, de celle des autres principautés d'Anhalt, les frontières communes se diminuèrent de. . . . . . . . | 83 | 05 |
| Il ne resta donc plus à couvrir que. . . | 990 | 12 |
| En 1828, le grand-duché de Hesse se réunit à la Prusse ; il apportait dans le système la longueur de ses frontières, qui était de. . . . . . . . . . . . . . . . . | 160 | 99 |
| Le total devait donc présenter un effectif de. . . . . . . . . . . . . . . . . . | 1151 | 11 |
| Mais comme par l'adhésion il y avait. . | 43 | 44 |
| de frontières communes qui furent à supprimer, il ne resta plus que. . . . . . . . | 1107 | 47 |

Quand un peu plus tard le grand-duché d'Oldenbourg, le duché de Saxe - Cobourg-Gotha, le landgraviat de Hesse-Hombourg se réunirent à la confédération

pour les parties de leur territoire qui
touchaient l'Hundsrück, on gagna encore
une diminution de. . . . . . . . . . . .  9  10

    Il ne restait donc plus que. . . . . . .  1098  57

    Au 1$^{er}$ janvier 1832, la Hesse-Électorale
(sans Schaumbourg et Schmalkalden) et
la principauté de Waldeck (sans Pyrmont)
adhérèrent à l'union. Les frontières de
la Hesse-Électorale, sans compter celles de
Waldeck, offraient une étendue de. . . .  153  76

    Ce qui présente un total de. . . . . .  1252  33

    Par suite de la fusion, les frontières se
diminuèrent de. . . . . . . . . . . . . .  180  60

    Il ne resta donc plus à couvrir que. . .  1071  73

Ainsi la confédération prusso-hessoise présentait
en 1832 à peu près exactement le même développement de frontières qu'en 1819 la Prusse seule, tandis que la population contribuable s'était accrue de
un million sept cent mille individus, et la superficie
de 930 milles carrés

Presqu'à la même époque, les deux plus grands
états de l'Allemagne du midi, la Bavière et le Würtemberg, venaient de se fondre dans un même système
de douanes. Les frontières bavaroises, sans y comprendre le cercle du Rhin, présentaient une étendue
de. . . . . . . . . . . . . . . . . . . . . .  315$^{m}$·60

L'adhésion des enclaves de Ostheim et

m.

de **Kœnigsberg**, qui faisaient partie du grand-duché de Saxe-Weimar et du duché de Saxe-Cobourg-Gotha , les diminua de.  14  35

Il n'en resta donc plus que. . . . . . 301  25

Le Würtemberg, de son côté, offrait un développement de frontières de. . . . . . 170  5

qui , par l'adhésion des deux principautés de Hohenzollern, se diminua de. . . . . 26  5

et formait ainsi un total de. . . . . . . 144

La Bavière et le Würtemberg avaient donc ensemble à couvrir une longueur de frontières de. . . . . . . . . . . . . . 445  25

Les deux pays, en se fondant dans un système uniforme de douanes, les diminuèrent de. . . . . . . . . . . . . . 103  35

Il ne resta donc plus que . . . . . . 341  90

Mais comme le cercle du Rhin, qui, depuis 1830, était exempt d'impôts, fut entouré d'une ligne de douanes, il faut ajouter. . . . . . . . . . . . . . . . . 56  4

Ainsi, pour le total de l'union bavaro-wurtembergeoise. . . . . . . . . . . 397  94

Après les négociations de 1832, l'union prusso-hessoise présentait un développement de frontières de. . . . . . . . . . 1071  73

L'union bavaro-wurtembergeoise, un de. . . . . . . . . . . . . . . . . . . 397  94

Il faut encore ajouter 58 milles qui,

m.

après l'accession du royaume de Saxe, formèrent l'extrême frontière entre la Saxe
et la Bohême , ci . . . . . . . . . . . . . .     58

Avant cette réunion, les lignes de douanes existantes , ou celles qu'il fut nécessaire de créer, présentaient un total effectif de . . . . . . . . . . . . . . . . . . . . 1527   67

Toute l'étendue des frontières de l'union
nouvelle ne donnait plus que . . . . . . . . 1206   14

La dernière accession, celle des états du
sud , apporta à elle seule une diminution
de . . . . . . . . . . . . . . . . . . . . .   321   53

### RÉSUMÉ.

Voici quelle était dans l'origine l'étendue des
frontières que chaque pays avait à garder avant la
confédération :

| | | |
|---|---:|---:|
| Prusse. . . . . . . . . . . . . . . . . . . | 1073 | 17 |
| Bavière (y compris le cercle du Rhin). | 371 | 64 |
| Würtemberg. . . . . . . . . . . . . . . . . | 170 | 5 |
| Hesse-Électorale. . . . . . . . . . . . . | 153 | 76 |
| Grand-duché de Hesse. . . . . . . . . . | 160 | 99 |
| Frontières saxonnes du côté de la Bohême. . . . . . . . . . . . . . . . . . . | 58 | |
| Total. . . . . . . . . . | 1987 | 61 |

Le développement total de la ligne de

m.

douanes actuelle présente une étendue de 1206 14

Les diverses unions partielles et successives ont donc eu pour résultat de la diminuer de. . . . . . . . . . . . . . . . 781 47

Ainsi constituée, l'union douanière allemande
comprenait, même avant l'accession de la Bade, du
Nassau et de Francfort, une superficie de 7883 67
milles carrés, et une population de vingt-trois millions quatre-vingt-six mille cinq cent quarante-trois
individus, ce qui représente par mille carré une population moyenne de deux mille neuf cent vingt-huit
habitants (1).

Aujourd'hui que le grand-duché de Bade, le duché de Nassau et la ville de Francfort se sont réunis
à la confédération, il faut ajouter pour la première
272 5 milles carrés (2); pour le second, 84 73 milles,
et pour Francfort, 1 64 milles carrés, ou un peu plus
de 357 milles carrés et plus de deux millions d'habitants (3). Si nous voulions continuer sur ces trois
états le travail que nous avons fait sur les autres,
nous trouverions que, pour la Bade, par exemple, si
l'union a 117 milles nouveaux de frontières à couvrir, savoir (4) :

(1) *V*. Historisch-politische Zeitschrift, v. L. Ranke, t. iii, 1834, p. 526
à 555.

(2) *V*. Heunisch, Topographie v. Baden, 1833.

(3) *V*. Voll. Hoffmann's Deutschland, III, p. 168 et 253.

(4) *V*. Handbuch für Reisende am Rhein von A. Schreiber. Heidelberg.
Engelmann.

m.

De Constance à Bâle. . . . . . .    42

De Bâle à Strasbourg. . . . . .    32

De Strasbourg à Mannheim. . .    39 1/2

De Mannheim aux frontières du

   grand-duché de Hesse. . . . .    3 1/2

Total. . . . . .  117

Il faut, d'un autre côté, en déduire toute la partie qui s'étend du grand-duché de Hesse à la frontière bavaroise, des frontières bavaroises à celles du Würtemberg, et enfin toute la frontière wurtembergeoise. Or, V. Hoffmann évalue seulement à 39 milles l'espace compris entre le pays de Bâle et Wertheim.

Le rapport des milles carrés aux milles frontières était, avant même l'accession des états que nous venons de nommer, de 1000 : 153, tandis qu'auparavant il était, pour la Prusse qui, à cause de l'étendue de son territoire, était encore dans la position la moins défavorable, comme 1000 : 210.

D'après le chiffre de la population qui sert de base pour le partage des revenus, la Prusse n'a plus pour sa part des frais généraux de garde et de défense aux frontières, à supporter que pour 692 milles au lieu de 1073. Il y a donc pour elle une économie nette de 381 milles. Qu'on évalue ces frais seulement à 2,000 écus par mille, il en résultera que la suppression de 781 1/2 milles de frontières amènera une économie de 1,563,000 écus (5,861,250 fr.) et que cette somme, autrefois tout à fait improductive, viendra augmenter le produit net des douanes de l'union.

A cette économie, résultant de la diminution des frais de surveillance, il faut encore ajouter d'autres avantages : un marché intérieur plus considérable, un territoire mieux conformé, plus arrondi, en augmentant les revenus, diminuent sensiblement le chiffre de la contrebande. Chacun peut facilement se persuader, en effet, qu'on rendra peut-être la contrebande plus difficile, mais qu'on ne parviendra jamais à l'empêcher entièrement. Il est dès lors évident que, si, en agrandissant le marché, on diminue en même temps la longueur des frontières, on diminue par cela même la contrebande. Admettons un moment que cette réduction soit proportionnelle à la diminution des frontières, elle baissera de 5 : 3.

Il serait téméraire, peut-être impossible, de supputer, même approximativement, à combien peut s'élever, pour la Prusse, par exemple, que nous citerons de préférence, le bénéfice qu'elle peut raisonnablement espérer de la diminution de la contrebande. Pour indiquer seulement l'importance de cet objet, nous nous contenterons de citer les chiffres comparatifs suivants : on importa en Prusse, pour y payer les droits :

| | | |
|---|---|---|
| 1824. Sucre. . . . . | 237,000 | quintaux. |
| 1830. Sucre. . . . . | 453,000 | id. |
| Augmentation. . . . . . | 216,000 ou 91 p. 0/0. | |

1824. Café. . . . . . .  174,000 quintaux.
1830. Café. . . . . . .  260,000   id.

Augmentation. . . . . .  86,000 ou 49 p. 0/0.

De cette augmentation résulte, en faveur des revenus de la douane, une différence de plus d'un million
et demi d'écus, et encore nous avons eu soin d'éviter
les évaluations extrêmes. Les deux années que nous
avons citées n'appartiennent ni aux plus favorables ni
aux plus malheureuses ; au contraire, les importations
étaient moindres avant 1824, et elles se sont élevées
encore après 1830. Mais que sur cette plus-value on en
attribue la moitié à l'accroissement général de l'aisance
et de la population, un autre quart au perfectionnement administratif du mode de perception , il restera
encore une somme de 400,000 écus (1,500,000 fr.)
qui, sur ces deux articles seulement, peut être considérée comme une conquête faite sur la fraude.

Faut-il un autre exemple? les droits d'entrée sur
les objets exotiques destinés aux provinces de Saxe
et de Brandebourg, qui étaient surtout exposées à
la contrebande du côté d'Anhalt , se sont montés :
En 1824, à 3,135,000 écus ( 11,756,250 fr. )
En 1830, à 4,128,000 écus ( 15,480,000 *id.* )
Augmentation, 993,000 écus ( 3,723,750 *id.* )
Ici nous passons sous silence plusieurs considérations, telles que l'élévation présumée des revenus
par suite de l'agrandissement du marché et des faci-

lités données aux transactions commerciales, l'influence que peuvent avoir sur la moralité des populations ces restrictions mises à la contrebande. Il suffit de les indiquer pour que chacun soit convaincu qu'elles ont été un des bienfaits de l'union douanière.

Nous devons encore mentionner comme un des heureux effets du nouvel ordre de choses les avantages que tous les États de la confédération seront appelés à recueillir par suite du travail de tous ces douaniers devenus désormais inutiles. Leur nombre était autrefois si considérable que M. d'Amsberg ne craint pas d'annoncer (1) qu'il égalait presque celui des soldats que l'Allemagne tenait sur pied pour sa défense. Ainsi que de bras rendus au commerce, aux travaux de toute espèce, qui ajourd'hui, sans rien coûter à l'État, contribuent pour leur part à augmenter ses richesses, et dont auparavant il fallait chèrement rétribuer les services problématiques !

Nous n'entrerons point dans des considérations morales pour prouver tout ce qu'un pays peut gagner à la diminution de la contrebande, qui n'est ordinairement pour ceux qui la font qu'une école de vices et de crimes. Ce sont des faits en dehors de toute discussion ; mais sous un autre point de vue, l'Etat ne retirera-t-il pas un bénéfice de la direction nouvelle que les circonstances imprimeront à ces hom-

(1) *V.* Ueber die Einigung der Handelsinteressen Deutschlands, von A. von Amsberg, herz. braunsch. Oberlegationsrathe, p. 39. Braunschweig, 1851. Vieweg.

mes, qui, après la ruine de leur coupable industrie, viendront augmenter par leur travail les revenus de l'État au lieu de les appauvrir.

En présence de ces faits, après avoir constaté l'influence exercée par le traité de douanes allemand, tant sur chacun des pays associés, que sur la masse en général de cette nouvelle confédération commerciale, faut-il nous demander si les résultats ont trompé les prévisions du législateur? On avait voulu, ainsi que nous l'avons exposé dans le principe, atteindre à la fois trois buts différents, 1° affranchir le commerce intérieur de l'Allemagne; 2° lui donner une position respectable vis-à-vis de l'étranger; 3° augmenter les revenus des divers pays de l'Union. A-t-on réussi? Nous n'hésiterons pas à nous déclarer pour l'affirmative. Les barrières qui séparaient les différents territoires sont tombées; l'industrie indigène a vu s'ouvrir devant elle un marché comme elle n'en avait jamais connu de pareil, et partout le commerce a pris des développements inouïs, une activité toute nouvelle. Non-seulement on s'est affranchi de la concurrence des industries étrangères, mais on s'est mis encore en position de rivaliser avec elles.

Pour la partie financière, on s'est demandé un instant comment, après la suppression de tant de douanes intérieures, toutes plus ou moins productives, après les progrès de l'industrie qui avaient remplacé plusieurs produits étrangers par des produits de fabrique indigène, il restait encore des revenus suffisants, et

surtout comment le chiffre de l'impôt indirect avait
pu augmenter dans une progression constante ; mais
on n'avait pas calculé que la majeure partie du revenu des douanes était fournie par des objets étrangers à l'Allemagne.

Les relevés faits au ministère des finances prussien
pour les années 1830 — 32 ont apporté la preuve
que les articles suivants, tels que sucres et mélasses,
cafés et cacao, vins, moût de vin, tabacs en feuilles
et fabriqués, fruits du Midi, suifs, riz, harengs,
eaux-de-vie, et presque exclusivement rhum, arack
et eaux-de-vie de France, huiles, épices, fils et tissus de coton, fils et tissus de laine et soieries, représentent les 83,98 p. 100 du revènu total des douanes
et peuvent se diviser ainsi qu'il suit :

Le sucre et le café y entrent pour. . . . 42,93

Le vin et le tabac, pour . . . . . . . . 17,17

Les autres objets de consommation, y
compris les suifs et les huiles, pour. . . . 12,61

Total . . . . . . 72,71

ou près des trois quarts de la recette totale.

Les cotons et les soieries pour . . . . . 11,27

Total général. . . 83,98

Et encore devons-nous ajouter qu'on n'a fait entrer dans ces calculs que les objets qui donnent au
moins 1 p. 100 de revenu. Si donc nous y comprenons,
seulement pour 1,02, une foule de petits articles,

qui, eu égard à l'étendue territoriale de l'Union, ne peuvent exercer sur les recettes qu'une légère influence, tels que le thé, la poix, les charbons de terre, les huîtres, etc., nous atteindrons facilement le chiffre de 85 p. 100, qui nous représentera les 17/20 de la totalité des recettes (1).

La consommation de ces objets s'augmente constamment avec la population et les progrès de l'aisance; et, d'un autre côté, il faut déduire les frais qu'entraînaient la garde et la surveillance des frontières.

Lorsque nous avons exposé dans le chapitre précédent les influences produites sur quelques-uns des pays associés par l'union douanière, on a pu, après l'examen des faits, conclure avec nous que le nouveau système présentait des avantages nombreux et incontestables, et qu'en protégeant les intérêts particuliers, il avait été utile aux intérêts généraux.

Mais ce n'est pas tout encore; là ne doivent pas se borner les effets que le traité de douanes doit exercer sur les rapports futurs des diverses parties de l'Allemagne. On a déjà pu apprécier les résultats produits en Amérique et en Angleterre par les grandes lignes de chemins de fer; mais qui peut prévoir l'influence immense que ces puissantes voies de communication sont appelées à exercer dans l'avenir sur les

(1) *V.* Historisch-politische Zeitschrift, II<sup>e</sup> vol., 5<sup>e</sup> cahier, 1855, p. 518 et 519.

rapports des peuples entre eux ? Le traité de douanes
allemand , en fondant ensemble les différentes parties d'un territoire autrefois morcelé , les a rendus
possibles sur une grande échelle; nous en dirons autant des canaux qui doivent, pour réunir deux grands
fleuves, traverser plusieurs États. Les capitaux ne
sont plus, comme par le passé, arrêtés, tremblants et
méfiants , aux frontières de tous ces petits territoires : ils peuvent désormais se déverser sans crainte
sur toutes les parties de cette commune patrie pour
venir y féconder l'esprit d'association.

C'est encore un des bienfaits du traité de douanes,
qui a fait cesser entre les divers États l'isolement qui
les appauvrissait.

Mais il doit encore amener d'autres résultats; car,
enfin, ce n'est rien moins qu'une révolution complète dans les rapports économiques de l'Allemagne.
Depuis longtemps l'opinion publique s'est récriée et
avec raison sur la diversité infinie des poids et mesures, et sur la diversité non moins grande des monnaies. Les gouvernements, de leur côté, ont fait,
mais jusqu'ici sans pouvoir s'entendre, de vains efforts pour arriver à un système uniforme. Le traité
de douanes peut accélérer la réalisation de ces vœux;
on y a même si bien songé, qu'on l'a prévu dans un
de ses articles. Une conférence tenue à Dresde (1)
pendant l'été de 1838, entre les commissaires de tous
les Etats de l'Union , pour arriver à une unité moné-

(1) Voir à la fin du volume le texte de cette convention.

taire, n'a rien produit d'abord, par suite de l'obstina-
tion des États du Nord et de ceux du Midi à conserver
leurs systèmes respectifs, les uns les écus et les gros,
les autres les florins et les kreutzers. Mais plus tard
les conférences ont été reprises, et il est intervenu
une convention monétaire générale dont les ratifications ont été échangées à Dresde le 7 janvier 1839.
Depuis ce moment, l'Allemagne jouit d'un nouveau
signe monétaire qui a cours dans tous les pays de
l'association (1).

Mais ces avantages que nous venons d'exposer ne
sont pas les seuls qui aient été pour le peuple allemand la conséquence logique et immédiate de l'union
douanière. Les populations de plusieurs États y ont
gagné tantôt des suppressions ou des diminutions de
droits, tantôt l'abolition d'usages onéreux, toujours
une plus grande facilité pour toutes les transactions
commerciales. C'est ainsi qu'une convention faite
entre la Prusse, la Bavière et le Würtemberg, le 6
janvier 1834, et étendue au grand-duché de Hesse
le 8 avril suivant, affranchit de droits de navigation
sur le Rhin et ses affluents les navires appartenant à
l'un ou l'autre de ces pays de l'union allemande.
Un peu plus tard, une convention presque analogue
fut conclue entre la Bade et le Würtemberg pour la
navigation du Neckar. De même des conventions furent signées pour que toutes les monnaies des pays

(1) *V*. Conversations-Lexicon der Gegenwart, tome 1er, p. 950. Lepizig.
1838. Brockhaus.

de l'Union, excepté toutefois la monnaie de billon,
fussent indistinctement reçues dans tous les pays
de la confédération (1). Un traité signé entre la Prusse
et la principauté de Pyrmont, le 9 janvier 1838,
pour prolonger entre les deux pays le terme de l'u-
nion précédemment fixée par le traité du 16 avril
1831, contenait, art. 10, une stipulation spéciale
pour un système uniforme de monnaies et de poids
et mesures entre les deux États (2).

Tous ces faits, et beaucoup d'autres que nous pourrions mentionner encore, parlent assez haut pour
qu'on puisse se faire une idée exacte et complète des
avantages que les pays qui font partie de la confédération douanière ont pu retirer de la législation nouvelle, si on veut surtout se reporter au tableau que
nous avons tracé de l'Allemagne avant sa mise en vigueur. C'est pourquoi nous ne nous étendrons pas
davantage sur ce sujet, afin de pouvoir consacrer
quelques lignes à l'examen de l'influence que cette
Union a pu exercer sur les États qui n'en font point
partie.

(1) *V*. Schœnbrodt, Sammlung der Verordnungen über die Gewerbe, Han-
dels-und Abgaben-verhæltnisse in den Vereinsstaaten Deutschlands , vol. 1,
p. 55. Potsdam, 1854. Riegel.

(2) *V*. Pochhammer, viertes Heft, Jahrgang, 1858, p. 561 à 567.

# CHAPITRE IV.

Des influences exercées par le traité de douanes allemand sur la prospérité et
le commerce des pays étrangers à la confédération douanière.

Nous connaissons le système allemand, nous avons
vu ses résultats, et quelles influences il avait exercées, tant sur chacun des pays de l'Allemagne que
sur la confédération en général. Il nous faut maintenant examiner ses effets sur la prospérité et le commerce des autres nations.

Nous commencerons par l'Angleterre, non-seulement parce que c'est le pays du monde le plus commerçant, mais aussi parce que c'est celui de tous qui
a fait de tout temps le plus d'affaires avec l'Allemagne.

A mesure que la Prusse agrandissait son rayon,
et que cette ligue commerciale gagnait du terrain,
les Anglais s'inquiétaient chaque jour de plus en plus
de ses progrès. On se souvient encore des vifs et
amers débats soulevés à cette occasion, et à plusieurs
reprises, dans le parlement. Cette question fut même
agitée si souvent, et avec tant d'insistance, qu'on

aurait pu croire un moment que ces plaintes étaient fondées, si Huskisson, avec toute l'autorité de sa science et de son talent, ne l'eût remise à sa place, et fait envisager sous son véritable jour. Aujourd'hui que le temps a passé sur toutes ces aigreurs et ces susceptibilités nationales, il faut examiner ce qu'il y avait de vrai dans ces attaques et interroger froidement les faits.

S'il est vrai que le système allemand ait été conçu dans le but de protéger l'industrie indigène, il n'est pas exact non plus qu'il l'ait été dans des vues hostiles à l'Angleterre. La Prusse, en effet, avait si peu l'intention de gêner à l'avenir le commerce des produits manufacturés de la Grande-Bretagne, qu'elle accorda une réduction de droits aux marchandises destinées aux foires de Naumbourg et de Francfort sur l'Oder. Cette tolérance était même une faute, car elle ôtait au système un de ses plus beaux caractères, celui de l'uniformité. Ce n'est pas aussi sans doute par suite d'intentions malveillantes que, malgré les réclamations des riches filateurs des provinces rhénanes, elle ne mit sur les cotons filés que le droit insignifiant de 2 écus (7 fr. 50 c.) par quintal.

C'est donc une erreur de croire que le traité de douanes ait été si désavantageux au commerce de la Grande-Bretagne. D'abord les tarifs sont les mêmes pour les marchandises anglaises que pour celles de tout autre pays qui ne fait pas partie de l'Union. D'un autre côté, il est constant que, bien que ce tarif soit en vigueur depuis 1818, du moins pour la Prusse, le commerce de la Grande-Bretagne avec l'Allemagne n'a cessé de s'accroître depuis cette époque. Or, comme la Prusse fait à elle seule plus de la moitié de l'union actuelle, que dans sa partie occidentale, notamment dans quelques districts westphaliens et dans les provinces rhénanes, elle possède la population la plus riche et la plus industrieuse de toute l'Allemagne, il est évident que le droit prélevé par le tarif prussien sur les marchandises anglaises n'a point diminué et ne diminue pas aujourd'hui le chiffre de leur consommation ; et ici nous ne parlons que d'une manière générale, car si pour certains produits, pour certaines destinations, il y a eu dans le principe une diminution, elle a été postérieurement plus que compensée par l'accroissement de la population qui en Prusse, de dix millions qu'elle était à la seconde paix de Paris, s'est élevée jusqu'au delà de treize millions, ainsi que le constatent les derniers recensements officiels.

C'est encore une erreur de croire qu'il n'y a d'importations anglaises que celles qui se font par les ports prussiens, c'est-à-dire ceux de la Baltique. La voie est bien plus directe par Hambourg ou Brême ; il est aussi beaucoup de marchandises qui remontent l'Elbe jusqu'à Magdebourg, et de là vont à Leipzig, pour ensuite se déverser, à mesure des besoins, dans les autres parties de l'Allemagne : les ports de la Baltique n'avaient d'importance que pour l'exporta-

tion, et ils l'ont perdue depuis que l'Angleterre a
mis des droits énormes sur les céréales et les bois.
De même, c'est par Rotterdam et Anvers qu'arrivent
ordinairement les marchandises destinées à la Westphalie et aux provinces rhénanes.

Le traité de douanes n'exerce encore aucune influence sur les foires, car les marchandises qui y sont
apportées sont destinées à des pays où depuis longtemps le tarif prussien est en vigueur. Quant à celles
qui doivent être exportées au loin, le tarif les admet
au transit aux mêmes conditions que les marchandises
des autres pays qui ne font pas partie de l'Union.

Pour rectifier toutes les idées qu'on s'est faites à
cet égard, nous pensons qu'il nous suffira de faire
parler les chiffres, et d'indiquer d'après les documents de 1833, par conséquent d'une époque où la
majeure partie de l'Allemagne était soumise au nouveau tarif, les totaux de l'exportation anglaise en Allemagne. Nous y verrons qu'elle a été, pour plusieurs
produits manufacturés, près de la moitié, la moitié
et quelquefois les trois quarts de l'exportation générale.

L'Angleterre a exporté en 1833 en *cotons filés*
(twist.). . . . . . . . . . . . . . . . . . 69,000,000 livres.

On a importé par les ports de Ham-
bourg et de Brême. . . . . . . . . . . 23,500,000

Par les ports de Rotterdam et d'An-

A reporter. . . . 23,500,000

livres.

Report. . . 23,500,000

vers pour la consommation des pro-
vinces rhénanes et un peu de la Suisse.  11,500,000

Total. . . . 35,000,000

Par conséquent, *plus de la moitié* de toute l'exportation anglaise.

Voulons-nous faire le même calcul sur les *tissus
de coton imprimés ?* l'exportation totale a été cette
même année :

yards (1).

De. . . . . . . . . . . . . . . . . . . 143,500,000
Importation par les ports de Ham-
bourg et de Brême. . . . . . . . . . . . . 28,800,000
Par ceux de Rotterdam et d'Anvers.  10,000,000

Total. . . . 38,800,000

Ou *plus du quart* de la somme des exportations
anglaises.

Pour *les tissus de coton blanc, les percales et les mousselines*, l'exportation s'est élevée
à . . . . . . . . . . . . . . . . . . . 12,700,000
Importation par les ports de Ham-
bourg et de Brême. . . . . . . . . . . . . 4,000,000
Par ceux de Rotterdam et d'Anvers.  1,800,000

Total. . . . 5,800,000

(1) Le yard = 0$^m$ 94438548. *V.* Annuaire du bureau des Longitudes
pour 1855, p. 64.

Ou *près de la moitié* de l'exportation totale.

Sur les *velours* dont l'exportation a été, en 1833,

yards.

de . . . . . . . . . . . . . . . . . . . 8,000,000

Il est en entré à Hambourg et à Brême. 4,800,000

A Rotterdam et Anvers. . . . . . . . . 1,200,000

Total. . . . 6,000,000

par conséquent *les trois quarts* de toute l'exportation anglaise.

Enfin, l'Angleterre exporta, toujours cette même année 1833. . . . . . . . . . . . . . . . 79,000,000 de *tulles et dentelles de coton.*

On importa par les ports de Hambourg et de Brême. . . . . . . . . . . . 43,400,000

Par ceux de Rotterdam et d'Anvers. 18,000,000

Total. . . . 61,400,000

Par conséquent, *plus des trois quarts* de toute l'exportation anglaise (1).

Faut-il citer des faits plus concluants encore, et qui démontreront d'une manière incontestable que le commerce anglais n'a pas été ruiné par l'association allemande ? Laissons cette fois parler les Anglais eux-mêmes, et empruntons à un de leurs recueils les plus estimés (2) le tableau du commerce de la Grande-

(1) *V.* Ueber den Zollverband von C. C. Becher, p. 18, 1835. Koln und Aachen. Ludwig Kœhnen.

(2) *V.* Edinburg Review, cahier de juillet 1840.

Bretagne avec la Prusse, les villes hanséatiques et les autres parties de l'Allemagne, de la Hollande et de la Belgique. Ces documents, nous le pensons, présenteront d'autant plus d'intérêt qu'ils sont postérieurs de cinq ans à ceux que vient de nous donner Becher.

| ANNÉES. | VALEUR OFFICIELLE des Importations. | VALEUR OFFICIELLE DES EXPORTATIONS. | | | VALEUR DÉCLARÉE des PRODUITS anglais et irlandais EXPORTÉS. |
| --- | --- | --- | --- | --- | --- |
| | | Produit des manufactures anglaises et irlandaises. | Marchandises étrangères et coloniales. | TOTAL des EXPORTATIONS. | |
| Moyenne de 5 ans de 1829 à 1833. | Liv. st. 4,126,394 | Liv. st 12,762,173 | Liv. st. 4,930,558 | Liv. st. 17,712,733 | Liv. st. 6,996,057 |
| Moyenne de 5 ans de 1834 à 1838. | 4,804,491 | 14,432,434 | 5,407,690 | 19,842,121 | 8,530,347 |

En réponse aux chiffres que nous venons de rapporter, on objectera que dans certains États de l'Union, notamment en Saxe (1), l'importation des tissus de coton, surtout de ceux d'origine anglaise, n'a plus été aussi forte qu'elle était auparavant ; qu'il en a été de même pour l'importation des tissus de laine (2) : le fait est vrai, du moins nous l'admettons pour tel, mais prouve-t-il autre chose sinon que le nouveau tarif, tout en permettant toute espèce de concurrence, a été assez heureux, assez bien combiné

(1) *V.* Thieriot, ouvrage déjà cité, p 35.
(2) *V.* Thieriot, ouvrage déjà cité, p. 36.

pour, malgré le peu d'élévation de ses droits, stimuler l'industrie indigène, et faire donner à ses fabriques des produits qu'elle demandait auparavant à l'étranger? Les Anglais avaient l'avantage de la fabrication et d'une industrie plus perfectionnée, la concurrence était déjà assez difficile à soutenir, fallait-il encore leur abandonner, pour ainsi dire, le monopole du marché intérieur?

On dira encore que le droit de sortie de 2 écus (7 fr. 50 c.) par quintal sur les laines a un peu gêné les débouchés vers l'Angleterre qui a absolument besoin de ces laines pour les tissus de qualité fine (1); mais l'Angleterre n'a-t-elle pas imposé des droits bien plus forts sur des objets d'une nécessité aussi absolue? s'est-elle départie en quelque manière que ce soit de son système d'exclusion? Avec les lois économiques qui régissent aujourd'hui les nations de l'Europe, lorsque la Russie, l'Autriche, la France, la Hollande repoussent de leurs frontières les produits étrangers, ou ne les admettent qu'à des conditions onéreuses, l'Allemagne n'est-elle pas encore le pays où les marchandises et les produits de la Grande-Bretagne trouvent le débouché le plus facile et les tarifs d'admission les plus modérés?

Les réformes commencées en ce pays, celles auxquelles Huskisson a attaché son nom, et a dû la plus grande partie de sa renommée comme économiste et

_________

(1) *V*. Thieriot, idem, p. 45.

comme homme d'État, peuvent, à n'en pas douter, se considérer comme un effet de la nouvelle législation allemande. Si un jour, qui n'est pas éloigné peut-être, l'Angleterre modifie ses lois sur les céréales, elle devra cette heureuse réforme tout autant à la nécessité devenue pour elle plus urgente d'entretenir des alliances commerciales avec les pays de production, et avec la Prusse en particulier, qu'aux menaces de révolution que lui jettent sans cesse des centaines de mille de pétitionnaires armés.

Comme une des preuves de l'importance que l'Angleterre attachait au traité de douanes allemand, il nous faut mentionner aussi son traité avec Francfort sur le Mein. On mit à profit le moment où cette ville, voyant s'établir à ses portes la foire rivale d'Offenbach, craignait de perdre avec son importance commerciale son existence politique. C'était véritablement une chose ridicule qu'un traité avec une ville, qui, en y comprenant son territoire, compte à peine de cinquante à soixante mille âmes de population, quand il était si facile d'en faire un avec vingt-cinq millions d'individus : si l'on ne connaissait toute l'inquiète jalousie du peuple anglais, on accuserait avec raison de puérilité un traité avec une ville située dans l'intérieur des terres, et qui, bien qu'indépendante en théorie, ne l'a jamais été en réalité ; un traité enfin à peine viable, puisqu'il ne dura pas même deux ans (1). Nous

(1) *V.* Ueber den Deutschen Zollverband von C. C. Becher, p. 17, 1835.

devions toutefois citer ce fait pour indiquer à quel point l'Angleterre, toujours si jalouse de son commerce, s'était inquiétée de la nouvelle et imposante position que prenait l'Allemagne dans le monde commercial. De pareils faits prouvent, bien mieux que de longues discussions, les avantages que la nouvelle confédération allemande est appelée à retirer de sa législation douanière.

Le traité conclu en 1838 entre l'Angleterre et l'Autriche, bien qu'il ne soit que la reproduction modifiée du traité de 1829 entre les mêmes puissances, peut être aussi regardé, dans ses dispositions nouvelles, comme un des résultats du traité de douanes allemand. La Grande-Bretagne a été frappée de l'influence que la nouvelle fédération douanière donnerait à la Prusse sur l'Allemagne dans le cas d'une grande commotion européenne, et elle a cherché à la contrebalancer en unissant ses intérêts à ceux d'une puissance qui, par ses relations, ses antécédents politiques même, doit être essentiellement conservatrice (1).

Nous n'ajouterons plus qu'un mot pour prouver l'influence morale que le traité de douanes allemand peut avoir exercée sur les résolutions du gouvernement anglais. Il a si bien senti la nécessité d'entrer dans une voie plus large et de se départir de ses exclusions, que, depuis plusieurs années, il envoie de

_______

(1) *V*. British and foreign Review.

tous côtés des émissaires nombreux pour s'enquérir de l'état de l'industrie des autres nations. Les voyages de MM. Bowring, de Villiers, Mac Gregor, Lytton Bulwer et autres en sont une preuve. L'offre d'un traité de commerce avec la France, dont s'occupent encore des commissaires nommés par les deux pays, est un nouveau témoignage de ses intentions. Or, il n'est pas douteux qu'une connaissance plus exacte et plus juste de la nouvelle législation allemande a dû contribuer a faire entrevoir aux Anglais les avantages que procurerait à leur pays une sage modification de ses lois de douanes.

Enfin, cet événement les a préoccupés à un si haut point, qu'ils ont cru devoir envoyer des commissaires à Berlin pour surveiller la réunion triennale de 1839, s'enquérir des résolutions qui y ont été adoptées, et qu'il a même été question au parlement d'envoyer un agent à poste fixe près de cette confédération commerciale.

En France, bien qu'on se soit moins occupé du traité de douanes allemand qu'en Angleterre; bien que, dans les feuilles publiques, et même parfois à la tribune, on ait répandu à ce sujet les erreurs les plus inconcevables, on n'est pas non plus resté indifférent. Et en effet, bien que les résultats du nouveau système aient dû être moins sensibles pour nous, puisque nous fabriquons surtout beaucoup d'objets de luxe, et que ce sont ceux qui, avec le système de droits d'après le poids, sont proportionnellement les

moins imposés, il n'en est pas moins vrai de dire que
nous n'avons pas comme elle, ni en aussi grande
quantité, ni au même prix, le combustible et le fer,
éléments indispensables de toute fabrication, et que
par conséquent ne pouvant pas toujours produire à
aussi bas prix que nos voisins, il nous devient d'autant plus difficile de rivaliser sur les marchés étrangers avec les produits indigènes. Toutefois, il est impossible de méconnaître que déjà certains articles de
notre production ont été attaqués par suite du traité
de douanes allemand, et que, pour ces objets du
moins, nos exportations diminuent, et nos débouchés
se ferment. Ainsi il est incontestable que pour les
draps, notamment dans les qualités fines, les fabriques
prussiennes du Rhin, surtout celles d'Aix-la-Chapelle
et des environs, se sont substituées aux fabriques indigènes (1), c'est-à-dire à celles de l'est de la France et
de la Normandie. On ne peut nier également que la
consommation des vins français à l'étranger, principalement des vins rouges, n'ait diminué depuis quelques
années au profit des producteurs de vins du Rhin (2).
Ces faits, et beaucoup d'autres que nous pourrions
citer, témoignent des influences matérielles du traité
de douanes sur le commerce de la France; mais ne
peut-on pas aussi, et avec raison, considérer comme
une de ses conséquences immédiates, les réformes

(1) *V.* Thieriot, ouvrage déjà cité, p. 37.
(2) *V.* Thieriot, idem, p. 44.

annoncées et même, bien que timidement, essayées déjà dans notre législation ? Près de vingt années passées au milieu des expériences les plus décisives et les plus concluantes ont dû enfin ouvrir les yeux. La loi de douanes présentée en 1834, dont le rapport fut fait le 29 avril de cette année par M. Meynard, député de Vaucluse, et qui ne put être votée; celle du 5 juillet 1836, dont le rapport fut fait à la Chambre des Députés, le 4 avril même année, par M. Théodore Ducos, député de la Gironde, un assez grand nombre d'ordonnances postérieures, d'avis interprétatifs émanés de la direction générale des douanes prouvent suffisamment qu'on ne veut pas être tout à fait sourd à la voix de l'expérience, et qu'on sent le besoin de profiter des exemples que nous ont donnés nos voisins d'au delà du Rhin, si nous ne voulons pas que notre commerce, cessant tout à coup de devenir entre les différentes nations un moyen actif d'échanges, se contente de leur donner uniquement les objets dont ils pourront se passer. A quelles minimes proportions en effet serait alors réduit le commerce entre les divers peuples, s'il n'était alimenté que par les objets indispensables à chacun d'eux !

La Belgique, notre voisine, qui a besoin des laines de Silésie, et surtout de celles de Saxe pour la fabrication de ses tissus fins, s'est plainte comme l'Angleterre du droit de 2 écus ( 7 fr. 50 c. ) par quintal mis à la sortie des laines allemandes. Il se peut en effet que ce droit, bien que peu considérable en lui-même, ait néanmoins influé sur les importations; mais cependant elle n'est pas restée indifférente devant le grand mouvement économique qui a emporté l'Allemagne dans une voie plus logique et plus rationnelle. Placée d'un côté entre la France qui persiste avec une opiniâtreté inouïe dans son système de douanes et de prohibitions, et l'Allemagne qui lui offre une législation plus appropriée à ses besoins et aux développements de son industrie, elle flotte indécise, mais cependant songe à se rapprocher du marché allemand. Elle veut unir Anvers à Cologne, le Rhin à l'Escaut en continuant le chemin de fer d'Anvers, et en le liant à celui que la Prusse s'occupe de construire. Peut-être le jour n'est-il pas éloigné où elle demandera son admission dans la grande confédération allemande. Que deviendrait alors la France, resserrée, bloquée de toutes parts? Hâtons-nous donc, pendant qu'il en est temps encore, de prévenir par de sages modifications les maux qu'un entêtement déjà condamné par les faits et l'expérience prépare infailliblement à notre industrie et à nos relations commerciales.

Nous en appelons à l'expérience! Pour la Belgique du moins, l'expérience a déjà parlé. Il fut un temps où la France et la Belgique ne formaient qu'un seul et même territoire. Il se faisait alors entre la Lorraine et les provinces belges, notamment avec la province de Liége, un commerce assez étendu, qui, depuis, a presque complétement cessé. C'était là que se portait la majeure partie des vins de la Lorraine et quelques-uns de ceux d'Alsace, qui, aujourd'hui, sans valeur faute d'un débouché convenable, sont obligés de se consommer à bas prix dans la localité même. En retour, la Lorraine tirait de cette partie des draps légers, des armes, des fers, des clouteries, des peaux. Ce commerce, qui avait lieu au profit de ces deux pays, vivifiait les transactions, activait le mouvement des capitaux. Aujourd'hui qu'ils sont séparés par des douanes et des prohibitions, une grande partie de ce commerce ne peut plus se faire, ou ne peut plus avoir lieu qu'à des conditions onéreuses. Aussi depuis ce temps les relations entre ces deux provinces sont-elles réduites à peu près à rien.

La Suisse aussi s'est émue, surtout quand elle a vu que le surcroît de consommation dans le grand-duché de Hesse était à son détriment, car jusqu'à la réunion de la Hesse avec la Prusse elle fournissait annuellement au grand-duché une quantité notable de marchandises (1). Pays ouvert, et un de ceux, en petit nombre il est vrai, qui existent sans être entourés d'une ligne de douanes, la Suisse, sauf un léger droit sur certains objets, droit destiné à subvenir aux besoins de la caisse militaire fédérale, permet l'entrée en franchise des produits industriels des autres peuples; mais comme ses exportations de produits indigènes sont bien moins considérables que ses im-

(1) *V.* Historisch-politische Zeitschrift. 1tes Heft, 1835, p. 122.

portations, elle se sent gênée par la nouvelle législation douanière de l'Allemagne, et semble émettre le désir d'entrer dans l'Union ; car les motifs que nous avons signalés en parlant de la Belgique l'empêcheraient jusqu'à nouvel ordre de tourner ses regards vers la France. Déjà un rescrit bavarois du 15 janvier 1838, un décret wurtembergeois du 1er mars même année, ont élevé sur sa frontière le droit à la sortie des chiffons et des drilles de 3 fl. 26 1/4 xr. (7 fr. 41 c.) à 5 fl. 6 1/4 xr. (11 fr. 1 c.) par quintal (1). Peu à peu les tarifs des pays voisins lui deviennent ainsi plus hostiles. L'admission de la Suisse dans la ligne germanique soulèverait bien quelques oppositions, notamment de la part de la Saxe, qui fabrique les mêmes produits, et craindrait de voir la concurrence de cet industrieux pays lui enlever une partie de ses bénéfices (2). Mais les fabricants saxons n'ont-ils pas porté les mêmes plaintes contre l'Angleterre ? D'ailleurs il suffit de comparer d'un côté la population et la production respectives des deux pays, de l'autre l'étendue du marché, pour voir que cette opposition de la Saxe ne serait que passagère, et ne pourrait fournir matière à de sérieuses objections.

Enfin si la France, l'Angleterre, l'Autriche, la Russie se relâchent un peu de la rigueur de leurs législations sur les douanes, et abandonnent en tout

(1) *V*. Pochhammer, 4tes Heft, Jahrgang 1838, p. 723.

(2) *V*. Ueber den Deutschen Zollverband von C. C. Becher, p. 13 et 14, 1833. Kœln und Aachen. L. Kœhnen.

ou en partie leurs systèmes de droits élevés et de prohibitions, ce sera incontestablement un effet du nouveau système commercial allemand. Déjà l'Autriche s'est laissée aller à conclure un traité de commerce avec l'Angleterre; c'est un premier pas fait vers des idées plus rationnelles, et qui fait présager heureusement de l'avenir. La Hollande, qui, avec une opiniâtreté devenue proverbiale, a si longtemps persisté dans son système de restriction, vient de se déterminer à entrer en négociation avec la Prusse, stipulant pour toute la confédération commerciale, et un traité récemment signé propose des conditions réciproques et également avantageuses aux diverses parties contractantes. Elle songe à se rapprocher de l'Allemagne et lui tend déjà la main; car elle promet d'améliorer, pour ce qui la concerne, la navigation du Rhin.

# CHAPITRE V.

Iufluence politique du traité de douanes allem.:nd.

Jusqu'ici nous n'avons considéré la confédération douanière allemande que sous le point de vue industriel et commercial, que relativement aux avantages matériels qu'en ont retirés les peuples associés; et en effet, après les faits que nous avons exposés, et l'examen comparatif auquel nous nous sommes livré, il est impossible de contester les heureux résultats du nouveau système, et ceux que l'Allemagne est appelée à recueillir dans un avenir très-prochain peut-être. La Prusse a pris l'initiative; mais, en se mettant à la tête de cette révolution commerciale, son seul et unique mobile a-t-il bien été d'augmenter le bien-être des masses, d'ajouter à la richesse publique en donnant un nouvel essor à l'industrie et aux manufactures, d'accroître les revenus en diminuant les frais et la contrebande? Il est vrai que le nouvel ordre de choses, si avantageux qu'il ait pu être à la Prusse, ne l'a pas été moins aux peuples qui font partie de l'Union; mais quelque recherchés que soient de pareils avantages, quelque appréciés qu'ils aient dû être par les gouvernements de l'Allemagne, et notamment par la Prusse, nous croyons cependant que ces considérations, malgré leur importance, ne l'ont point uniquement dirigée dans cette diplomatie qu'elle a conduite pendant plusieurs années avec tant de persévérance et d'efforts jusqu'à la conclusion du traité. Le traité de douanes, résumé d'une haute pensée politique, peut être justement regardé comme l'absorption du Midi par le Nord ou plutôt par la Prusse, comme le premier pas fait vers la réalisation d'une unité germanique sous la suprématie prussienne.

La Prusse devait à ses institutions de posséder déjà l'influence militaire; sa force matérielle la rendait donc dans un temps de crise ou de collision européennes, la protectrice naturelle des peuples allemands. A force d'efforts et de persévérance, elle a rendu Berlin le foyer scientifique du Nord, et est parvenue à s'assurer l'influence littéraire si précieuse dans un pays comme l'Allemagne. Enfin il ne lui restait plus qu'à conquérir l'influence commerciale; c'est là où ont constamment tendu tous ses efforts.

Nous croyons inutile de nous étendre sur les deux premiers points : ils sont en dehors de notre sujet, il nous a suffi de les mentionner, mais quant au troisième, nous ferons remarquer qu'aucun gouvernement n'a plus fait en Allemagne pour les développements de l'industrie nationale. A l'extérieur la Prusse a conclu, toutes les fois que les circonstances l'ont permis, des traités de commerce et de navigation, et entretenu des consuls sur toutes les places du monde. Non-seulement elle a cherché ainsi à créer des débouchés pour ses produits, mais depuis la mise en vigueur du traité de douanes, ses consuls ou ses agents ont des instructions spéciales pour défendre tout aussi bien les intérêts de leurs compatriotes que ceux des différents autres membres de l'Union, qui, par leur petitesse, sont dispensés d'entretenir des consuls à l'étranger. Les Allemands des diverses parties de la confédération apprennent ainsi peu à peu, et pour ainsi dire comme malgré eux, à se serrer autour de la Prusse, à la regarder comme le gouvernement vers lequel il faut toujours tourner ses regards pour obtenir justice ou réparation. On conçoit facilement quelle influence doit peu à peu résulter pour elle d'un semblable patronage.

Nous ajouterons encore que la Prusse, sans s'arrêter aux motifs politiques qui la dirigeaient, crut devoir même envoyer des consuls chez les nations qu'elle n'avait pas encore politiquement reconnues, notamment au Mexique.

A l'intérieur, le gouvernement prussien a creusé des canaux, des ports, construit des ponts, des entrepôts, fait des routes, entretenu soigneusement celles qui existaient, et n'a négligé aucun moyen d'augmenter les sources de la richesse publique. Le port de Swinemünde, autrefois ensablé et impraticable, a été construit à grands frais, le cours de l'Oder, celui de la Saale et de la Lippe raccourcis, régularisés, et ces fleuves rendus navigables dans toute leur étendue. La Saale fut mise en communication avec l'Unstrut, la Havel avec l'Oder. Le canal de Clodnitz a été refait, toutes ses écluses, au nombre de dix-huit, reconstruites et rélargies, l'Elbe rendu à son ancien lit, et Magdebourg a eu de nouveau son port. Enfin, par le moyen de la Lippe, le Rhin fut réuni au Weser.

Aujourd'hui son gouvernement s'occupe avec une active sollicitude de la construction des chemins de fer. Celui de Cologne à Liége sera bientôt livré à la circulation, et ne tardera pas à se relier à celui qui doit traverser la Westphalie et mettre la capitale en communication avec le Rhin. Les travaux sont commencés sur la ligne qui doit atteindre Stettin et conduire de Berlin aux bords de la Baltique. D'un autre côté, le *railway* qui doit mener en Saxe par Magdebourg et Halle s'achève avec rapidité; enfin on peut prévoir que, grâce aux efforts du gouvernement et à l'impulsion qu'il a su donner aux travaux des sociétés particulières, plusieurs de ces grandes lignes de communication ne tarderont pas à être livrées à la circulation, et que ces voies nouvelles viendront changer peut-être la face du pays.

La *Compagnie rhénane des Indes occidentales*, créée

par le gouvernement et dans laquelle il prit une part
d'intérêt, a montré le chemin aux nombreux négociants qui maintenant dans les ports de Hambourg
et de Brême font le commerce avec le Mexique et
l'Amérique du sud. Le *Commerce maritime* (die See-
handlung) eut la faculté d'exporter au delà des mers
les produits de l'Allemagne, établit un comptoir à
Stettin, et même fit une expédition en Chine. En
même temps la Prusse fondait des écoles polytechni-
ques dans les districts manufacturiers et industriels,
et notamment à Berlin, et envoyait des élèves aux
États-Unis pour y examiner les célèbres minoteries
de Richmond (1). Il est facile de reconnaître que le
traité de douanes développera encore d'une manière
plus large les ressources de ce pays.

En présence de ces faits, il ne faut donc pas s'é-
tonner, non-seulement si l'industrie prussienne fit
de grands progrès, mais si elle devint un objet d'en-
vie pour tout le reste de l'Allemagne qui se trouvait
exclue à la fois du bienfait des tarifs prussiens, et de
toute participation aux mesures sages et protectrices
que prenait le gouvernement dans l'intérêt de ses
nationaux. Dans la séance du 21 octobre 1831, les
États de Bavière demandent instamment qu'on en-
tame des négociations pour la réunion du royaume
à la Prusse tant orientale qu'occidentale, le grand-

(1) *V.* Ueber den deutschen Zollverband von C. C. Becher, p. 7, 1835. Kœln
und Aachen. L. Kœhnen.

duché de Hesse, et les pays déjà réunis à la confédération douanière (1). Le gouvernement prussien
groupa ainsi autour de lui une foule de sympathies ;
les peuples apprenaient insensiblement à se serrer
autour de lui, et à lui accorder sur toute la confédération un protectorat, une suprématie tacites.

On peut partager l'Allemagne en deux zônes bien
distinctes, la zône industrielle et la zône agricole, la
première au nord, la seconde au midi, l'une appro-
visionnée de première main de tous les produits
exotiques par la Baltique, la mer du Nord et l'Elbe,
l'autre, mettant surtout en usage les produits de son
sol et de son agriculture, et ne recevant guère par
le Rhin, en fait de productions exotiques, que des
denrées coloniales destinées à la consommation. Sans
rabaisser l'industrie des autres pays, ou nier les
progrès qu'elle a pu faire, nous pouvons poser
comme hors de doute que la Prusse et la Saxe sont
les deux grands centres de la fabrication allemande;
le Midi, les provinces prussiennes exceptées, ne peut
rivaliser avec ces deux États soit pour la perfection
du travail, soit pour le bas prix de la main-d'œuvre. Ce n'est pas à dire pour cela que toute concurrence soit impossible, mais les fabriques s'y trouvent naturellement dans le nord placées dans des
conditions plus avantageuses. Le midi envoie donc

(1) *V.* Ferber, Beitræge etc. II, p. 170. Berlin, 1832. Duncker et Hum-
blot, in-8°.

une grande partie de ses produis bruts dans le nord
ou dans les provinces prussiennes du Rhin. Ces exportations sont aujourd'hui d'autant plus considérables qu'elles se font à meilleur marché depuis la
suppression des droits de transit. La Prusse et la
Saxe se sont donc substituées à l'Angleterre qui venait acheter sur les marchés de l'Allemagne les marchandises brutes, allait les manufacturer chez elle,
et revenait demander aux Allemands le prix de la
main-d'œuvre.

Sans entrer ici dans le chiffre des bénéfices que
la fabrication presque exclusive des marchandises
allemandes rapportera à ces deux États manufacturiers, nous voulons seulement constater un fait,
c'est que depuis la mise en vigueur du traité de
douanes et la suppression des droits de transit pour
les États qui font partie de cette association, la Saxe
et notamment la Prusse ont exporté et exportent
chaque jour vers le sud une quantité immense de
leurs produits de fabrique qu'ils livrent à un prix
plus bas que les industriels du midi. La masse, qui
raisonne peu, mais qui, en définitive, se voit débar-
rassée d'une foule d'entraves et paie moins cher
qu'auparavant, se trouve naturellement portée à attribuer à la Prusse cette réduction dans les prix;
car en Allemagne, où les intérêts matériels occupent
une si large place, le pays le mieux gouverné, celui
où le peuple est ou doit être le plus heureux, est
celui ou les produits industriels se vendent au meil-

leur marché. Cette considération prime et domine toutes les autres. Les peuples s'habituent ainsi à regarder le gouvernement prussien comme l'auteur ou le promoteur de tout ce qui se fait d'avantageux aux masses, de toutes les mesures qui ont pour but le soulagement et les améliorations matérielles. Déjà même quelques-uns soupirent peut-être en secret vers la réunion, et s'avouent intérieurement qu'ils changeraient volontiers leur condition de Hessois, de Bavarois, de Saxons, etc., contre celle de sujets d'un pays qui ne craint point de faire d'aussi utiles innovations. Il suffit de constater de pareilles dispositions pour qu'on reconnaisse que la Prusse a ainsi fait un grand pas vers la conquête morale des pays qui l'avoisinent ou l'entourent. Elle ne tardera même pas à être achevée. Aussi s'il se déclarait un mouvement en Allemagne, elle aurait tout à y gagner, car il aurait pour conséquence un immense accroissement de territoire à son profit. Elle semble déjà même se préparer à la conquête, car elle fait tous ses efforts pour introduire dans les autres États de l'Allemagne ses usages, sa monnaie, ses idées, les formes de son administration. Ainsi, l'argent prussien qui, bien qu'ayant cours dans la plupart des pays voisins pour toutes les transactions privées, n'était pas reçu dans les caisses publiques ou ne l'était qu'avec perte, est maintenant reçu partout pour certains paiements, notamment pour l'acquit de

tous les droits de douane (1). En recevant les employés des autres pays, la Prusse à pu envoyer ses
agents dans toute l'Allemagne pour inspecter, con-
trôler, organiser les lignes de douanes et la marche
du système. Berlin est devenu à la fois le centre et
la tête de cette grande association douanière. C'est
à Berlin que siége l'administration supérieure, que
se fait le travail général et le partage des revenus.
Chaque jour les frontières s'effacent, bientôt peut-
être elles n'existeront plus que nominalement.

Enfin la pensée politique qui a présidé aux efforts
de la Prusse est tellement vraie, tellement évidente,
qu'elle a été comprise par tous les hommes d'État.
M. Théod. Ducos, député de la Gironde, rapporteur
de la commission chargée de l'examen du projet de
loi sur les douanes, s'exprimait ainsi dans la séance
du 4 avril 1836, devant la Chambre des Députés (2) :
« S'il est vrai que la Prusse, *dans une haute et pro-
« fonde pensée politique,* ait pu songer de nos jours à
« régénérer, à créer une Allemagne en inscrivant sur
« son tarif : *aucun article n'est prohibé*, il appartient à
« la France d'élargir les bornes du cercle, et de prépa-
« rer le rapprochement politique des peuples par la
« fusion et le mélange de leurs intérêts matériels. »

La Prusse a même si positivement cherché une compensation dans les influences politiques, que le traité

(1) *V.* Thieriot, ouvrage déjà cité, p. 46.
(2) *V.* le Rapport, p. 22, n. 161.

de douanes ne peut s'expliquer que de cette manière.
Quelque incontestables que soient ses bienfaits, s'ils
ont été immédiats pour la plupart des États associés,
ils sont plus éloignés pour la Prusse. Nous avons dit
que le partage des revenus se faisait d'après la population ; or, à n'examiner que cette thèse, la Prusse
perd, du moins dans le commencement. On évalue
la différence annuelle à son détriment, au moins
pour les premières années, à deux millions d'écus
( 7,500,000 fr. ). Reste à savoir si le grand mouvement amené par la suppression des entraves commerciales ne créera pas assez d'affaires pour la dé-
dommager de ce sacrifice momentané. Quant à nous,
nous ne doutons pas que l'impulsion donnée à la
fabrication par suite de l'exclusion des marchés de
l'Allemagne des principaux produits de la France et
de l'Angleterre ne couvre bientôt ce déficit temporaire, et ne vienne ajouter les avantages financiers
aux avantages politiques qu'elle a déjà recueillis de
cette association.

Depuis vingt ans, il s'est opéré en Europe une révolution entière. Au lieu de ces conquêtes armées, si
douteuses, si sanglantes, et toujours achetées si cher,
les nations, mieux conseillées, ne veulent plus que des
conquêtes pacifiques. Rapprocher les peuples, amener
entre eux une communauté de besoins, de relations,
de transactions de toute nature ; les enrichir par des
échanges réciproques ; exciter entre eux par l'ému-
lation le plus haut développement de leurs richesses

nationales, destinées à devenir un jour, non plus la proie de quelques-uns, mais le patrimoine de tous : voilà la véritable gloire.

On doit donc comprendre facilement quel avenir peut être réservé aux gouvernements et aux peuples assez sages pour entrer dans cette voie, et pour y suivre avec constance la route sur laquelle les entraînent les idées de l'Europe nouvelle!

# DEUXIÈME PARTIE.

---

QUELLES ASSOCIATIONS ANALOGUES POURRONT NAÎTRE PAR L'EFFET
DE L'EXEMPLE DE L'ASSOCIATION COMMERCIALE ALLEMANDE,
ET PAR LA NÉCESSITÉ DE CRÉER UN NOUVEL ÉQUILIBRE DANS
LE NÉGOCE DES NATIONS ?

# CHAPITRE VI.

Principes qui doivent servir de base aux Unions douanières.

Les avantages que les peuples associés ont recueillis de l'Union douanière allemande nous paraissent si nombreux, et ceux qu'ils doivent en recueillir encore tellement certains, que nous croyons les autres peuples de l'Europe appelés à sentir, tôt ou tard, la nécessité de se grouper entre eux selon leur position géographique, leur état industriel et les autres convenances qui peuvent décider, étendre et affermir les relations commerciales entre nations civilisées.

C'est parce que nous sommes fortement pénétré de ce besoin nouveau qui travaille aujourd'hui les peuples, qui les excite et les force à s'unir pour utiliser avec avantage les forces que la nature et l'art leur ont données, que nous allons poser quelques principes propres alors à leur servir de guide. A l'aide de ces principes, on ira droit au but, et on évitera plus sûrement aussi les fausses mesures, toujours nuisibles, souvent difficiles à réparer lorsque le temps en signale les vices.

Les principes les plus importants à suivre dans le projet et l'organisation des unions douanières nous semblent devoir être ceux que nous allons exposer ici :

§ 1. Contiguité de frontières.

§ 2. Préférence à donner à des barrières naturelles.

§ 3. Similitude de tendances politiques.

§ 4. Absence de sentiment trop prononcé de haine ou de jalousie nationales.

§ 5. Étendue modérée des unions.

§ 6. Circulation facile des produits entre les peuples confédérés.

§ 7. Efficacité de protection au sein des unions.

Nous allons jeter un coup d'œil rapide sur chacune de ces conditions, en reconnaissant toutefois qu'il ne peut y avoir ici rien de trop absolu. C'est en économie sociale surtout que les circonstances sont appelées à modifier la rigueur des principes que la science commence par poser.

### § 1. Contiguité de frontières.

Du moment que deux peuples ont un territoire limitrophe, l'avantage qu'ils ont à s'unir pour commercer est évident, car ils effacent par ce rapprochement la double ligne de barrières qui les séparait.

C'est en cela particulièrement que l'Union allemande a réalisé, en faveur des États confédérés, une économie sensible et dont, plus haut, nous avons essayé de donner le chiffre.

Sans doute des peuples qui n'auraient pas de frontières limitrophes peuvent encore avoir intérêt à se rapprocher ; mais alors c'est plutôt à des traités de commerce qu'ils doivent recourir qu'à des unions que le maintien des formalités douanières ne peut jamais que rendre incomplètes.

### § 2. PRÉFÉRENCE A DONNER A DES BARRIÈRES NATURELLES.

Les barrières naturelles qui séparent les peuples les uns des autres, comme la mer, les fleuves et les montagnes, sont toujours des limites heureuses dans lesquelles on doit tâcher d'englober les unions commerciales. De pareilles lignes sont d'une surveillance aussi facile qu'économique, tandis que les limites purement conventionnelles ne peuvent opposer que de chimériques obstacles aux entreprises nombreuses et hardies de la contrebande.

Quelque séduisantes que puissent être d'autres considérations pour unir des peuples que la nature a séparés, il faut savoir les sacrifier et pencher pour le parti que la raison et la pratique indiquent comme préférable.

### § 3. Similitude de tendances politiques.

Il ne faut pas chercher ici une similitude parfaite de forme politique : cette condition n'est point nécessaire; elle serait même difficile à trouver, car il y a toujours des différences sensibles dans les formes gouvernementales qui régissent les peuples. Ce qu'il faut seulement éviter entre pays qu'on veut unir, ce sont des contrastes trop frappants. Ainsi un gouvernement ombrageux et absolu ne s'accorderait que difficilement avec un gouvernement libéral et constitutionnel.

Il en est des peuples comme des individus; il leur faut une certaine communauté d'idées et de doctrines sociales pour s'entendre, se proposer un même but et parvenir à l'atteindre sans trop de fatigues et de lenteurs.

### § 4. Absence de sentiment trop prononcé de haine ou de jalousie nationales.

Alors même qu'il y aurait entre peuples voisins similitude de formes et de tendances gouvernementales, il se pourrait encore qu'il fût peu avantageux de chercher à confondre leurs intérêts matériels, si des événements ou des querelles politiques avaient précédemment fait éclater entre eux ces sentiments de jalousie et de haine.

Il faut laisser au temps à guérir ces passions fâcheuses, et se garder d'établir trop précipitamment des rapports qui ne pourraient que les nourrir et les irriter encore.

Ainsi, en ce moment, il serait imprudent de songer à faire marcher sous la même loi commerciale la Hollande et la Belgique, la Grèce et la Turquie, etc.

Lorsque les circonstances seront plus opportunes, rien de mieux que de rapprocher ce que la nature n'a pas voulu désunir; mais le vouloir faire trop tôt, ce serait manquer de sagesse et compromettre le bien à venir.

## § 5. ÉTENDUE MODÉRÉE DES UNIONS.

L'ambition des hommes, soit qu'on les considère isolément, soit qu'on les prenne en corps de nation, est une passion forte, tenace, souvent insatiable. En politique, surtout, on n'est que trop porté à la pousser à l'extrême.

Il peut sans doute plaire à l'œil qui parcourt des plans géographiques; il peut aussi convenir à l'esprit qui médite sur l'organisation sociale des nations, de former de préférence de grandes agrégations par l'espérance d'obtenir des résultats proportionnés à leur étendue. Mais aussi l'exemple des siècles n'est-il pas là pour nous apprendre que cette espérance ne se réalise pas toujours, que la grandeur ne s'allie pas nécessairement à la durée; ne vaut-il pas mieux dès lors s'arrêter à des combinaisons formées d'après des bases qui n'aient rien de trop étendu, de trop ambitieux?

Nous ne disconvenons point qu'au premier abord il peut paraître rationnel, du moment qu'on juge utile de réunir dix peuples dans un même intérêt commercial, de doubler, de tripler ce nombre. Malheureusement l'expérience ne justifie pas ce calcul. Il arriverait probablement ici, dans le plus grand nombre des cas, ce qui arrive dans les agglomérations politiques exagérées. Des difficultés nombreuses, compliquées, inattendues surgissent, et ces grands colosses, épuisés par d'inutiles efforts, languissent et à la fin s'écroulent d'eux-mêmes. Un ensemble de circonstances rares à trouver, un génie puissant, quelquefois le hasard, peuvent agglomérer des masses d'hommes et faire converger un moment vers le même foyer tant d'idées éparses. Mais de pareilles combinaisons ne portent pas toujours avec elles un cachet de durée, et les choses reprennent bientôt leur cours naturel. Le sort des trop grandes Unions commerciales serait celui des associations politiques disproportionnées. Leur constitution devrait d'ailleurs rencontrer dans la difficulté de bien administrer leurs produits une objection sérieuse. En effet, où et comment centraliser de grandes recettes? par quels moyens arriver à une comptabilité uniforme, à une vérification exacte, à un partage des profits, à l'organisation d'un personnel bien choisi, bien surveillé, bien dirigé? En pesant attentivement ces divers obstacles, on sera convaincu de la nécessité de ne proposer et de ne vouloir que des Unions d'une étendue modérée.

### § 6. Circulation facile des produits au sein des Unions.

C'est vainement qu'on abattrait des barrières et qu'on renoncerait aux rigueurs du système prohibitif, si les produits divers qu'une grande agglomération d'hommes peut créer ne trouvaient la facilité de circuler dans le rayon confédéré de manière à se placer ou à s'échanger avec avantage.

C'est à la possibilité d'organiser un système de viabilité répondant à tous les besoins qu'il faut surtout songer quand on s'occupe du plan d'une Union commerciale. Les grandes lignes de navigation intérieure, soit naturelles, soit artificielles, sont particulièrement à considérer. On ne saurait trop tôt les dégager d'un droit mal entendu, de ces formalités sans nombre que nous a léguées l'ancien système de fiscalité. Une fois admis à l'intérieur, les produits doivent pouvoir circuler avec une entière liberté dans toute l'étendue de la confédération, et avec cette célérité qui est la condition première du succès en affaires commerciales.

On a un peu remédié de nos jours aux nombreux obstacles qui ont longtemps enlevé à la navigation du Rhin et du Danube, les deux voies fluviales les plus importantes peut-être de toute l'Europe, la plus grande part de ses avantages. Cependant il y a encore beaucoup à faire sous ce point de vue, et l'on ne saurait trop tôt apporter aux réformes désirées le complément qu'indiquent les besoins et l'expérience.

La production n'est pas aujourd'hui le point le plus important à obtenir. Avec la puissance d'action que donnent la vapeur et les arts mécaniques, rien n'est plus facile que de créer des produits : le problème difficile, et à la solution duquel doivent à l'envi travailler et les gouvernements et les peuples, c'est de présenter ces produits à propos et de les faire circuler avec toute l'économie et toute la vitesse possibles.

## § 7. Efficacité de protection au sein des Unions.

A la faculté de pouvoir faire facilement circuler les produits de l'industrie, il faut ajouter, comme condition dernière, les moyens d'assurer aux membres de l'Union une protection permanente, efficace, prompte à se manifester.

Cette sollicitude des intérêts nationaux, qui a toujours si vivement préoccupé le gouvernement anglais, n'a pas été une des moindres causes de la prépondérance commerciale de la Grande-Bretagne.

Comme les forces maritimes sont, dans le plus grand nombre des cas, le moyen le plus efficace de protection, et que, pour s'organiser et se produire avec avantage, elles demandent certaines conditions géographiques, c'est à les créer ou à les réunir qu'il faut songer lors de l'établissement des Unions commerciales; car un pays à son gré n'improvise pas des ports, des arrivages sûrs, des marins expérimentés.

Telles sont les considérations que nous avons dû peser avant tout et dont nous allons soigneusement tenir compte, soit pour arriver au complément de l'Union douanière allemande, soit pour proposer l'organisation des nouvelles Unions que l'intérêt commun prescrit aux États encore isolés de combiner et de réaliser sans retard.

# CHAPITRE VII.

Complément de l'Union douanière allemande.

L'Union douanière allemande, avec les éléments qui la composent aujourd'hui et dont nous avons déjà parlé, présente assurément un ensemble fort digne d'intérêt, puisque nous voyons une même loi commerciale régir vingt-cinq millions d'hommes, qui naguère étaient séparés par une infinité de barrières et avaient surmonter des obstacles sans nombre pour pouvoir échanger les produits variés de leur travail et de leur intelligence.

Cependant, il faut le dire, l'association, quelque belle qu'elle soit, n'est point complète. Des adjonctions importantes, capitales, restent à faire, et ce n'est véritablement que lorsqu'elles seront décidées et ratifiées que la grande pensée du gouvernement prussien aura reçu son complément, et donnera aux populations confédérées tous les bienfaits qu'elle semble déjà leur promettre.

Jusqu'ici nous voyons, il est vrai, un vaste atelier

de production avec des éléments d'une assez grande force ; mais où sont les moyens de faire circuler au loin la richesse produite ? où sont et cette force réelle et ce renom de puissance capables de protéger l'Union et au besoin de la défendre ?

La Prusse offre bien quelques ports dans la Baltique, mais ils manquent de marine militaire ; l'impossibilité de ne pouvoir bouger sans acquitter les droits onéreux du détroit du Sund, ainsi que leur situation en dehors du grand mouvement commercial, en diminuent l'importance ; et quand bien même ces ports seraient plus favorablement placés, leur nombre serait encore insuffisant pour donner lieu à de commodes et vastes débouchés. D'ailleurs l'Oder et la Vistule, les deux principaux affluents de la Baltique, n'ont pas été jusqu'ici des voies commerciales.

Indépendamment de ces causes de faiblesse, n'est-il pas permis de se demander avec quelque sollicitude quel est le pavillon qui viendrait couvrir et protéger les marchandises de l'Union dans les diverses contrées où elles pourraient aller chercher des consommateurs ?

Ces réflexions devront suffire pour indiquer d'une manière claire et précise la nécessité de reculer le cercle de l'Union déjà formée, et de réaliser les conditions dont nous venons de poser les bases, conditions indispensables pour organiser des confédérations durables et capables de donner des résultats décisifs.

Notre désir est de voir se fondre dans la grande confédération l'union formée du royaume de Hanovre, du duché de Brunswick, du grand-duché d'Oldenbourg et de la principauté de Schaumbourg-Lippe.

C'est en mai 1834 que le Hanovre et le Brunswick ont fait un traité de douanes particulier, assis sur des bases à peu près analogues à celles du grand traité, et qui pour certains droits de consommation établit entre les deux États des dispositions uniformes. Ces deux États sont aussi parvenus, et plus rapidement que ne l'ont fait les nombreux États de la grande confédération, à amener entre eux l'unité monétaire : par suite du même arrangement, ils ont réuni leurs postes qui sont administrées par le Hanovre pour le compte commun. Le traité est en vigueur jusqu'à l'année 1841 (1).

Le 1er octobre 1836, le grand-duché d'Oldenbourg s'est réuni à cette confédération pour toutes ses possessions, moins les principautés de Eutin et de Birkenfeld : cette dernière est comprise dans le système prussien. Le 12 novembre 1837, Schaumbourg-Lippe accéda à son tour, moins le bailliage de Blomberg.

Cette petite union douanière, qui est ainsi venue se poser dans le nord de l'Allemagne vis-à-vis de la grande confédération allemande, comprend une étendue de 876 milles carrés et 2,100,000 habitants.

(1) *V*. Conversations-Lexicon der Gegenwart, vol. I, page 950. Leipzig, 1838-9. F. A. Brockhaus.

Les deux Unions ont, il est vrai, conclu le 1<sup>er</sup> novembre 1837 un traité dans lequel elles ont stipulé des
échanges de territoire, des facilités pour le commerce
des frontières, une protection réciproque contre la
contrebande et quelques autres dispositions favorables au commerce de la foire de Brunswick ; mais il
y a loin de là à une fusion complète de tous les intérêts communs (1).

Le Hanovre n'a plus aujourd'hui pour refuser son
accession le motif qui lui servait précédemment d'ex-
cuse, sa dépendance de l'Angleterre. La nouvelle
position de ce royaume rend de son côté le duché de
Brunswick plus libre d'agir selon ses propres intérêts.
Il est vrai que le littoral hanovrien qui se livre au commerce de cabotage croit avoir plus d'avantage à conserver la liberté de ses relations avec l'extérieur de
l'Allemagne ; il est vrai encore que le grand-duché d'Oldenbourg et la principauté de Schaumbourg-Lippe,
pays éminemment agricoles, ont quelque chose à
craindre pour l'écoulement de leurs produits du tarif
plus élevé de la grande Union et de sa position plus
avancée dans le travail industriel ; mais comme ces
désavantages seront largement compensés par d'autres
profits, nous croyons qu'il est de l'intérêt réel des
pays qui forment les deux Unions de se fondre dans une
même confédération. La principauté de Lippe-Detmold a voulu rester neutre entre les deux Unions qui

<hr>

(1) *V.* Conversations-Lexicon der Gegenwart, vol. I, page 951, Leipzig,
1838—9. F. A. Brockhaus.

la cernent ; mais une fois qu'elle les verrait réunies, elle suivrait nécessairement leur destinée.

Les deux duchés de Mecklembourg, Mecklembourg-Schwerin et Mecklembourg-Strelitz, pays essentiellement agricoles, trouvant des débouchés faciles pour les productions de leur sol, et n'ayant pas à s'inquiéter du placement des produits industriels qu'ils fabriquent en assez petite quantité, ne se sentent pas pressés de traiter avec le reste de l'Allemagne. Hambourg et Lübeck se chargent de porter leur richesse agricole en Angleterre, en France, en Russie, etc.; mais ces pays ne pourront toutefois rester ainsi en dehors, et leur destinée se lie trop à celle des contrées qui les entourent, pour qu'ils ne comprennent pas les inconvénients de leur isolement dans le cas d'une grande et complète confédération de l'Allemagne.

Bien que nous laissions le Danemarck en dehors de l'Union allemande pour des motifs que nous ferons connaître plus tard, nous lui demanderons pour elle le Holstein et le Lauenbourg. En effet, le Holstein et le Lauenbourg sont des pays allemands par les mœurs, les habitudes et le langage : leurs produits ont beaucoup de rapports avec ceux des contrées voisines et suivraient naturellement le même écoulement. Par là aussi on mettrait un terme aux réclamations élevées par plusieurs contrées de l'Allemagne, notamment par Hambourg et Lübeck, contre le nouveau tarif établi dans le Holstein et le Lauenbourg, réclamations qui ont paru assez importantes pour que la diète se soit chargée elle-même de les examiner et de les juger. D'ailleurs, une barrière assez bien déterminée sépare ces pays du Danemarck; c'est la rivière d'Eyder qui, avec le canal qui la continue, établit une limite naturelle entre le Holstein et le duché de Schleswig. Cette ligne de navigation fait communiquer la Baltique et la mer du Nord, et évite le passage du Sund. Les duchés de Holstein et de Lauenbourg font déjà politiquement partie de la confédération germanique. L'Union allemande gagnerait par cette adjonction la ville d'Altona qui n'est pas sans quelque importance commerciale malgré le voisinage de Hambourg.

Les villes du nord de l'Allemagne, Hambourg, Brême et Lübeck, ont des motifs sans doute assez plausibles pour se maintenir dans l'isolement où elles se trouvent aujourd'hui, et rester libres de commercer comme par le passé avec les différents peuples de l'Europe. La liberté des échanges, les profits du cabotage, les bénéfices de l'emmagasinage et ceux du courtage, la faveur accordée à plusieurs de leurs produits industriels, notamment aux sucres raffinés, sont des causes qui méritent, il est vrai, d'être prises en sérieuse considération et militent en faveur du maintien du *statu quo*: mais d'un autre côté, l'état de choses actuel n'est pas sans offrir de nombreux inconvénients.

Nous consacrerons à Hambourg une attention toute particulière, soit à cause de son importance commerciale , soit parce que les raisons que nous allons exposer seront également applicables à Brême et à Lübeck, bien qu'à un degré différent.

Hambourg se tromperait étrangement si elle pensait que les éléments de sa prospérité d'aujourd'hui pourraient être les mêmes que ceux qui ont servi au développement de sa grandeur passée.

Si ce petit État voulait attentivement examiner les modifications apportées dans la politique aussi bien que dans les relations commerciales des divers peuples de l'Europe, il reconnaîtrait bientôt l'impérieuse nécessité de changer de système et de marcher, comme ses voisins, dans de nouvelles voies.

Autrefois sans doute, et alors que les peuples vivaient isolés, sans étudier leurs moyens mutuels de production et d'échange, se contentant de vendre au premier acheteur ce qu'ils produisaient, et d'acheter au premier offrant ce qui leur manquait, les profits du commerce étaient naturellement au plus actif, au plus entreprenant : et grâce à son génie commercial, l'un des plus brillamment développés en Europe, Hambourg s'est élevée à une incontestable prospérité.

Aujourd'hui les temps sont changés ; tout le monde, gouvernements et particuliers, cherche à s'associer, à combiner ses efforts, se préoccupe des débouchés à trouver, des industries nouvelles à exploiter, des retours à opérer, etc.

Ainsi, aux portes mêmes de Hambourg, l'Union allemande gagne chaque jour du terrain à l'aide de ses forces concentrées et de mesures mieux arrêtées.

La Russie, de son côté, autrefois très-facile dans ses relations commerciales, a modifié sensiblement son système, et saisit tous les moyens d'encourager la production nationale.

La Hollande vient de se lier par un traité avec la grande Union allemande.

La France ne sort qu'avec peine de son système restrictif, surtout à l'égard des peuples qui n'ont pas des produits directs et utiles à lui offrir. Or, telle est la situation de Hambourg.

L'Angleterre vante beaucoup la liberté commerciale; mais on sait que ses actes sont loin d'être d'accord avec ses paroles.

Ainsi restreinte de tous les côtés dans ses mouvements, que va faire Hambourg, et qu'a-t-elle à espérer de son isolement?

Les nations les plus fortes, les plus riches par elles-mêmes, finissent par reconnaître qu'elles ne peuvent que s'affaiblir en restant isolées; qu'adviendra-t-il donc à la cité qui n'a qu'une puissance d'opinion, et qui, au lieu de refuser des alliances, devrait attentivement les rechercher, les étendre? Hambourg surtout, qui, jadis, a retiré tant d'avantages de l'esprit d'association, Hambourg, qui lui a dû de devenir une des têtes de cette fameuse hanse qui remplit le monde de son nom, et couvrit la mer de ses flottes, comment peut-elle oublier ce qui fit sa puissance, et méconnaître ce qui amènera sa ruine, si elle ne change pas de système ?

Ce qui est aujourd'hui le plus nuisible à Hambourg, comme à la plupart des peuples qui n'ont pas de puissance par eux-mêmes, c'est le manque de lois de navigation destinées à déterminer entre nations des droits et des devoirs réciproques. C'est la force qui les crée et les impose. L'Allemagne morcelée se trouvait donc jusqu'à ce jour dans l'impossibilité d'en établir ; par la même cause, Hambourg ne saurait en avoir, si elle s'opiniâtre à rester dans son funeste isolement.

Les conséquences d'une telle lacune, dans sa législation internationale, sont ruineuses, déplorables. Un rapide examen des rapports aujourd'hui existants entre l'Angleterre et les pays allemands fera ressortir encore davantage les inconvénients que nous signalons :

Un navire allemand qui se trouve dans la Méditerranée, en Russie, ou dans tout autre port d'Europe, ne peut prendre du fret pour l'Angleterre, tandis qu'un bâtiment anglais qui se trouve dans les mêmes lieux peut, en concurrence avec un navire allemand, charger pour l'Allemagne.

Les produits hors d'Europe, importés d'Europe, ne peuvent être apportés en Angleterre, pour y être consommés, que par les bâtiments de la marine anglaise.

Les produits non européens importés en Angleterre par [des navires non anglais ne peuvent être consommés qu'autant qu'ils sont importés par les navires du pays qui les produit.

Le cabotage, de même que le commerce entre l'Angleterre et ses colonies, et celui des colonies entre elles, n'est permis qu'aux navires anglais.

L'importation de marchandises dans les colonies anglaises n'est permise aux navires non anglais qu'autant qu'ils appartiennent au pays qui les produit et les exporte.

Ces diverses prohibitions, aussi nombreuses qu'importantes dans leurs résultats, n'existent pas pour la marine anglaise à l'égard de l'Allemagne. Cet état de choses, dont l'injustice est frappante, serait certainement bientôt modifié, si les divers États de l'Allemagne avaient su s'entendre plus tôt et établir entre eux de bonnes lois de navigation.

A ne considérer que la seule ville de Hambourg, les conséquences du mal que nous signalons sont de la plus haute importance. Sur soixante-dix-huit navires anglais entrés dans son port en 1837, soixante-seize arrivaient de possessions non anglaises. Et Hambourg persisterait à ne pas chercher tous les moyens de porter remède au mal qui l'affecte aussi cruellement! Non vraiment; de tels abus ne sont plus tolérables. Il faut à l'Allemagne un droit public maritime plus libéral, mieux entendu, ménageant les intérêts de tous; mais, pour l'obtenir, et particulièrement de l'Angleterre, il faut être fort, et Hambourg ne l'est pas, et ne peut le devenir qu'à l'aide de l'esprit puissant d'association.

Neuf pavillons allemands naviguent sur les mers du nord de l'Allemagne, et chacun de ces petits États souverains que représentent ces pavillons a des ports; mais, comme il n'y a point d'unité dans les lois qui régissent leur navigation, chacun cherche ses avantages particuliers, fait ses traités pour lui seul, vise à supplanter ses voisins, et les regarde comme des étrangers. Les produits ou les navires exclus par suite des représailles de Hambourg se portent à Altona ou à Brême, et ainsi de suite réciproquement; de là, tiraillement, faiblesse, malaise pour tout le monde.

La première condition à obtenir pour faciliter aux nombreux États de l'Allemagne du nord des relations commerciales avantageuses, et donner à leurs pavillons une protection efficace, est de s'entendre pour établir et imposer des lois de navigation uniformes et réciproques. Hambourg a le plus grand intérêt à voir se fonder au plus tôt ce nouvel ordre de choses. Puisse-t-elle se hâter de l'organiser et de le proposer aux États qui l'entourent!

Une autre tendance des lois de navigation anglaises, c'est de donner aux pêcheries nationales une protection exclusive, protection qui manque entièrement aux pêcheries de l'Allemagne (1).

(1) *V.* La brochure intitulée : Für die Ausbreitung des deutschen Zollvereins bis zur Seegrenze und die Einführung von Navigations-Gesetzen. Von einem Hamburger, p. 10 à 15, in-8°. Hamburg, 1838. Perthes-Besser und Mauke.

Lorsque l'Angleterre, la France, la Russie, les États-Unis rivalisent d'efforts pour donner du développement à la pêche maritime, l'Allemagne ne saurait rester inactive devant ce grand mouvement.

Hambourg plus particulièrement ne réunit-elle pas les conditions propres à réussir dans cette fructueuse industrie? N'a-t-elle pas des navires nombreux, des marins habiles à naviguer sur toutes les mers, d'abondants capitaux?

Enfin, et pour dernière considération, nous demanderons à Hambourg quel est en ce moment l'appui qu'elle invoquerait, si son pavillon venait à être attaqué, et les intérêts de ses citoyens méconnus? Et lorsque de pareilles atteintes ne sont pas épargnées même aux grandes puissances, à celles qui peuvent, au premier signal, faire marcher des flottes et des soldats, comment un pavillon qui n'a que son nom pour défense, serait-il suffisamment respecté? Peut-il donc être indifférent à Hambourg de ne point faire partie d'une union de trente millions d'hommes stipulant pour tous des conditions utiles et équitables, et, une fois proclamées et consenties, pouvant énergiquement les défendre?

Ainsi, sous tous les rapports, l'adhésion de Hambourg à l'Union douanière allemande ne peut que lui être avantageuse. Toutefois, comme l'opportunité de cette mesure a été assez vivement controversée, nous allons examiner la valeur de quelques-unes des objections qui ont été présentées.

On a d'abord redouté pour Hambourg, par suite du tarif de l'Union, plus élevé que le sien, la perte de son commerce extérieur et éventuellement la dépréciation de ses immeubles. On peut répondre que des élévations de tarif n'ont pas pour résultat nécessaire la perte du commerce extérieur. D'autres causes favorables peuvent très-bien compenser ce désavantage. C'est ainsi que Londres est devenu le centre du commerce du monde malgré l'élévation bien connue de ses tarifs. D'ailleurs avons-nous besoin de répéter que les tarifs de l'Union allemande sont généralement modérés ? Et puis n'a-t-on pas pour atténuer les effets du tarif la ressource des entrepôts qui offriraient des conditions plus douces encore que celles du mode actuel qui impose aux marchandises vendues ou non vendues 1/2 p. 100 de droit d'entrée et 1/8 p. 100 de droit de sortie ? Avec le système des entrepôts, le nord de l'Allemagne et d'autres pays encore viendraient s'approvisionner au fur et à mesure de leurs besoins dans le port de Hambourg.

Quant aux inconvénients attachés aux formalités des entrepôts, ils sont bien compensés par les avantages qu'on en retire.

Dans les magasins publics, la propriété est plus assurée contre le vol, la fraude et le danger des incendies ; elle est mieux surveillée et plus habilement entretenue. L'acheteur de son côté a plus de confiance, parce qu'il n'a pas à redouter les falsifications des dépositaires particuliers, et qu'il est sûr aussi de n'être point trompé sur les quantités ou le poids. Au moyen du certificat de dépôt que les Anglais appellent *warrant*, les ventes s'opèrent plus vite, les emprunts sur consignation sont plus faciles ; en un mot, toutes les opérations du commerce sont plus simples, plus exactes, plus expéditives.

La diminution du prix des immeubles par suite de la création des entrepôts n'est nullement à craindre ; car toutes les marchandises ne sont pas propres à être entreposées. D'ailleurs, la masse des produits venant de l'intérieur de l'Union pour être exportés, réclamerait de nouveaux moyens d'emmagasinage.

Cette crainte de la dépréciation des immeubles était aussi l'un des arguments des habitants de Leipzig contre la réunion : mais l'expérience, ainsi que nous l'avons déjà vu, a bientôt fait justice de cette hérésie économique.

Le danger de la contrebande qu'on a tant fait valoir est non moins chimérique. A Hambourg elle ne serait possible que par mer, et dès lors elle est facile à surveiller.

Quant à l'augmentation du tarif sur certains objets de consommation, elle ne peut être que d'une assez faible importance sur une population laborieuse et généralement aisée. On n'ignore pas du reste que le tarif de la grande Union est susceptible de révision tous les trois ans, et qu'alors rien n'est plus facile que de corriger les abus que l'expérience aurait fait connaître.

Enfin la perte de l'indépendance de Hambourg, cet argument capital des adversaires de la réunion, que signifie-t-il pour tous ceux qui veulent et savent voir les choses sous leur véritable jour? L'indépendance de Hambourg? mais on oublie donc qu'elle est déjà depuis longtemps assez gravement compromise par suite de la constitution fédérale de l'Allemagne? Hambourg, comme du reste tous les autres petits États allemands, a dû nécessairement, et à cause même de sa faiblesse, être soumise à l'influence des grandes puissances. Est-il besoin de répéter que l'Union commerciale n'a en vue que le soin, le développement et la défense des intérêts matériels (1)?

Les raisons qui militent en faveur de l'adjonction de Hambourg à la grande Union sont applicables à Brême et à Lübeck : aussi nous dispenserons-nous de les exposer ici. Comme Hambourg, ces villes furent jadis riches et puissantes grâce à leur esprit d'association. C'est à elles aujourd'hui à l'invoquer et à se soumettre à ses exigences.

De plus, comment ces villes libres, qui ne le sont véritablement que de nom, ne comprennent-elles pas que du jour, très-prochain peut-être, où les États qui les entourent feront partie de la grande Union, leur adhésion deviendra forcément inévitable. Resserrées, entravées de tous les côtés, quelles volontés, quels mouvements, quelle liberté auraient-

---

(1) *V.* la brochure déjà citée : **Für die Ausbreitung**, etc., *in fine.*

elles ? Ici se renouvelleraient nécessairement les embarras de la ville de Marseille, que le gouvernement de la restauration rendit port libre aussi sur ses vives instances, mais à qui cette faveur pesa bientôt parce qu'elle était accompagnée de conditions qui en annulaient le bienfait.

Il ne nous reste plus maintenant pour compléter à notre gré la grande Union allemande qu'à demander une dernière adjonction, celle de la Hollande. Il est vrai qu'elle vient, par un traité récent et d'une habile politique, de se rapprocher des intérêts allemands : mais ce premier pas n'est point le seul à faire. Un traité de commerce facilite sans doute les rapports de pays à pays, et favorise les échanges ; mais il y a toujours des barrières à garder, des droits à payer, des prohibitions plus ou moins nombreuses à maintenir.

Nous aimons d'autant plus à insister sur l'accession de la Hollande à la grande fédération, que nous y voyons son intérêt attaché aussi bien que celui des États allemands. Le peuple hollandais, en même temps qu'il verrait s'ouvrir devant lui un nouveau débouché pour ses denrées coloniales, trouverait dans l'exportation des produits de l'Union les bénéfices de l'emmagasinage, ceux du courtage, du fret, l'extension de ses relations commerciales et le développement de son industrie. Devenant la tête d'une confédération considérable, la Hollande serait plus forte aussi pour défendre ses droits et protéger ses intérêts. Privé des produits manufacturés et agricoles de

la Belgique, ce pays en retrouverait de non moins
parfaits, de non moins abondants dans les riches
fabriques de la Prusse et de la Saxe, et dans les
campagnes du midi de l'Allemagne.

L'Union à son tour, ainsi agrandie, puiserait dans
le génie et les mœurs des Hollandais une expérience
commerciale que sa position géographique n'a pu lui
donner. Par cette adjonction aussi elle aurait plus
facilement l'appui d'une marine militaire, force aujourd'hui indispensable à tout État commerçant, et
surtout à une union qui posséderait dans la Baltique
un littoral s'étendant de Memel à Kiel, et, dans la mer
du Nord, des rives de l'Elbe à celles de l'Escaut.
« La raison indique, dit un écrivain, et l'expérience
« prouve qu'il n'y a pas de grandeur commerciale
« qui soit durable si elle ne peut s'unir au besoin à
« une puissance militaire (1). »

Cette union, forte sans exagération, renfermée
dans des barrières assez naturelles, riche de produits
divers, aidée d'un système de viabilité bien entendu
et tendant à s'améliorer encore, cette union, disons-
nous, serait un beau modèle à offrir aux unions à venir. Sagement méditée, lentement agrandie, parlant
au nom des intérêts positifs, dédaignant tout appel
à la force, cette union serait certainement appelée à
être le commencement d'une ère dont l'histoire aime-
rait à consigner les bienfaits et à garder la mémoire.

(1) *V. A.* de Tocqueville : *De la démocratie en Amérique.*

# CHAPITRE VIII.

### Union douanière autrichienne.

Nous connaissons actuellement la fédération douanière allemande; nous avons vu de quel développement elle était susceptible pour présenter une masse complète et homogène; nous allons essayer un travail analogue sur les autres États de l'Europe qui, à l'exemple de l'Union allemande, voudraient unir leurs intérêts aujourd'hui divisés et former des confédérations douanières.

Quelques hommes d'État et des publicistes allemands, entre autres M. Nebenius, auteur d'un excellent écrit (1) sur le sujet qui nous occupe, auraient voulu que l'Autriche ne se séparât pas du reste de l'Allemagne, et que tous les pays proprement dits allemands pussent s'entendre pour former une seule union douanière; nous ne partageons point cette opinion, quelque séduisante qu'elle soit au premier

(1) *V.* Der deutsche Zollverein, sein System und seine Zukunft, von Dʳ C. F. Nebenius. Carlsruhe, 1855. Müller, in-8°.

abord. Nous allons exposer les motifs de notre dissidence.

Une confédération d'États qui s'étendrait, d'un côté, du Rhin à la Vistule et au Dniester ; de l'autre, de la mer du Nord et de la mer Baltique au Danube et jusque dans le voisinage de la mer Adriatique, serait un assemblage bien grand pour le maintenir longtemps dans un parfait accord ; l'étendue du territoire, aussi bien que la diversité des intérêts, apporteraient de nombreux obstacles à la réalisation d'une pareille union.

On verrait probablement ici se renouveler les embarras qui tourmentent si fort en ce moment les États-Unis de l'Amérique. Les hommes d'État de ce pays ne savent comment concilier les intérêts du Nord et ceux du Midi ; la lutte qu'ils se livrent peut perpétuer en ce pays les plus dangereux ferments de discorde. En France, bien que la population se concentre sur un terrain bien autrement rétréci que celui des États-Unis et celui de l'Union douanière allemande telle qu'on aurait voulu l'établir, on n'est pas sans embarras pour maintenir l'équilibre entre les intérêts matériels. Il faut dès lors que de pareilles leçons ne soient pas perdues pour les institutions à fonder chez les autres peuples. L'unité d'intérêt est au sein des nations une condition de paix, de durée, de bonne et profitable administration. Ici d'ailleurs la diversité des produits ne serait pas la seule cause de mécontentement et d'embarras. A cette difficulté se joindrait celle provenant de la différence assez marquée entre le travail industriel de l'Allemagne du nord et de celle du midi : en industrie, par exemple, le progrès est assez sensiblement plus prononcé dans la région du nord ; et alors les mêmes rapports commerciaux, la même loi économique ne peuvent convenir également à l'une et à l'autre région.

Une autre raison qui n'est pas sans quelque importance nous porte à vouloir séparer, même commercialement, l'Autriche des autres États déjà réunis : c'est le sentiment de méfiance, nous pourrions même dire sans trop d'exagération, de jalousie que l'Autriche nourrit contre la Prusse. Le premier de ces États ne peut se familiariser avec l'idée que le second se soit élevé au premier rang des nations européennes, et qu'il pèse aujourd'hui dans la balance politique à l'égal des autres grands États. Membres de la même Union douanière, les deux gouvernements chercheraient naturellement à étendre leur influence sur les petits États, et cette rivalité pourrait amener un jour des collisions fâcheuses. Il vaut dès lors beaucoup mieux que cette lutte s'exerce en dehors du même cercle commercial. L'Allemagne est assez grande, assez puissante, assez industrieuse pour former deux Unions. Nous penchons d'autant plus volontiers pour cette opinion, qu'au midi de la région allemande nous trouvons les éléments d'une nouvelle confédération pouvant offrir à la fois ensemble, force et durée.

La première chose à laquelle l'Autriche doit songer, c'est à introduire l'uniformité de droits et d'impôts
dans l'étendue de l'empire. Ce que la France a fait
il y a cinquante ans, ce que la Prusse a imité depuis
1815, ce que l'Autriche elle-même a voulu établir
chez elle pour la plupart de ses provinces autrefois
différemment classées pour l'échange de leurs produits, il faut qu'elle le fasse pour la Hongrie. Tous
les genres d'entraves sont fâcheux; mais celui qui
tend à séparer les fractions d'un même pays a des
effets doublement déplorables, et qui deviennent tôt
ou tard difficiles à corriger.

Après cette première modification, si l'Autriche
veut jeter ses regards autour d'elle, elle trouvera des
contrées qu'elle pourra facilement appeler dans le
centre commercial qu'il lui appartient de former.
Ces contrées sont celles qui constituent ce qu'on ap-
pelle en ce moment la Turquie d'Europe. Ces principautés, plus ou moins dépendantes des grandes
puissances qui les avoisinent, plus ou moins proté-
gées par elles, manquent du lien nécessaire pour ac-
tiver leur mouvement industriel et faire respecter
leurs rapports commerciaux. Ce que l'Autriche aura
perdu en influence par suite de l'Union prusso-allemande, elle peut le regagner ailleurs, et avec un
immense avantage. Il peut entrer dans l'Union autrichienne tout ce qui est regardé comme formant la
Turquie d'Europe, à l'exception toutefois de la Ro-
mélie qui restera liée à la capitale de l'empire otto-

man pour faire partie du système turc. Il y a d'ailleurs entre cette principauté et celles qui l'avoisinent une ligne de séparation naturelle parfaitement tracée.

Ainsi la Moldavie, la Valachie, la Bulgarie, la Servie, la Bosnie, ainsi que les provinces de l'ancienne Grèce restées turques, et qui ne font pas partie du nouvel empire grec, comme la Macédoine, doivent venir se rattacher à l'Autriche avec tout autant de facilité que les divers États de l'Allemagne l'ont fait à l'égard de la Prusse. La liberté commerciale à peu près entière dont jouissent ces contrées doit faciliter cette Union. L'Autriche de son côté n'a pas à craindre la rivalité d'un travail manufacturier trop avancé pour elle : au contraire, elle aura à s'occuper d'y développer le goût industriel, et d'y faire sentir l'importance des perfectionnements dont se sont déjà emparés les autres pays de l'Europe.

A ces provinces nous sommes assez porté à adjoindre le nouvel État grec, qui, au premier abord, semble devoir faire partie du système commercial turc : mais on connaît l'antipathie réciproque des deux pays : et dès lors il ne faut pas songer, pour le moment du moins, à une pareille réunion.

D'ailleurs, nous arrivons ainsi à donner à l'Union autrichienne les éléments d'une force qu'elle n'aurait pas, la force maritime.

La Grèce sera un jour à la fédération autrichienne ce que la Hollande sera à l'Union prussienne. Sans doute la marine grecque est encore bien faible , mais les éléments de force et de progrès s'y trouvent; ils ne sont qu'endormis : ce sera aux Grecs et aux autres peuples confédérés à réveiller ces germes de grandeur et à se hâter d'en tirer parti.

Si l'Autriche connaît les avantages de sa position, elle n'aura certainement pas longtemps à envier à la Prusse les bienfaits qu'elle a recueillis de l'esprit d'association. Et lorsque la Prusse n'a eu que le mérite de centraliser et d'unir des forces existantes, l'Autriche peut avoir celui d'en créer de nouvelles : car personne n'ignore que si les contrées riveraines ou voisines du Danube que nous voudrions appeler à une nouvelle Union douanière ont été admirablement bien dotées par la nature, l'homme n'y a pas encore su profiter de ses bienfaits. Cette belle partie de l'Europe reste étrangère à la plupart de nos arts, de nos sciences, de nos belles industries. Si l'Autriche le veut, elle peut, tout en laissant à chaque principauté sa forme politique actuelle et le genre de protectorat qui la soutient, faire naître facilement l'activité, le progrès et la confiance, là où règnent si malheureusement l'inertie, l'ignorance et la routine.

Le rapprochement des idées religieuses de ces contrées avec celles de l'Autriche serait une facilité de plus pour former de nouveaux liens; c'est une considération dont il ne faut point négliger de tenir compte.

Une fois l'Union constituée, le progrès le plus important à réaliser serait l'extension et l'amélioration de la navigation du Danube.

Il est pénible de penser que le fleuve naturellement destiné à être le lien de l'Europe et de l'Asie ne remplit encore que la plus faible part de son rôle ; il faudrait d'abord unir le Rhin au Danube, pensée aussi grande qu'utile, et qui certes n'est pas nouvelle, car avant qu'on s'en occupât de nos jours elle s'était présentée à l'esprit de César, de Charlemagne, de Napoléon.... Il faudrait ensuite améliorer les parties du fleuve qui, d'Ulm à son embouchure, sont un obstacle à une navigation régulière et continue. Aujourd'hui l'art de l'ingénieur est assez avancé pour que de pareils obstacles ne soient pas insurmontables. La jonction du Rhin au Danube serait d'autant plus facile à opérer que les peuples qui y sont le plus directement intéressés ont offert avec un louable empressement d'y concourir par tous les moyens qui sont en leur puissance. La France, la Suisse, le grand-duché de Bade, le Würtemberg, la Bavière, n'attendent qu'une impulsion et un mot d'ordre pour combiner leurs efforts et mettre la main à l'œuvre (1).

Ce n'est pas ici le lieu de discuter le mérite des divers plans projetés : nous dirons seulement que

_______________

(1) *V.* De la jonction du Danube au Rhin à l'Aar (en Suisse) et au lac de Constance, par H. Molineau, secrétaire général de la compagnie du canal du Danube au Rhin. Revue germanique, 5ᵉ série, tome VI, 1ʳᵉ livraison, avril 1836, p. 1 à 60.

l'ouverture d'un canal de Kehl à Ulm nous paraît être le travail le plus urgent à réaliser. Ensuite on verra si une voie plus directe avec la Suisse n'est pas utile.

Ce qui peut-être a un peu ralenti les projets de canalisation de cette partie de l'Europe, c'est le développement donné à l'établissement des chemins de fer. Mais nous verrons plus tard que c'est là une idée qui manque de justesse; loin de se combattre, les différents moyens de circulation et de transport sont faits pour s'harmonier et former un ensemble qui serve à la plus prompte communication des hommes et des choses.

Si on veut un moment réfléchir sur les avantages que devra procurer la jonction du Rhin au Danube, on s'étonnera que ce projet n'ait pas été plus tôt mis à exécution. Par ce beau travail, tous les pays les plus importants de l'Europe se trouveraient mis en communication directe par une voie facile et merveilleusement économique.

Le Rhin apporterait les produits divers de l'Allemagne et des mers du Nord; le Rhône, par l'intermédiaire du canal qui unit aujourd'hui Lyon et Strasbourg, donnerait les produits du midi de la France, et avec eux ceux du Levant et de tout le littoral de la Méditerranée. La Suisse, au moyen des eaux de l'Aar et des voies artificielles projetées, déverserait l'exubérance de sa production sur l'Allemagne et les vastes contrées dont on lui ouvrirait le débouché. Enfin une circulation régulière, bien ramifiée, sans transbordements coûteux, viendrait ajouter aux moyens déjà existants de relations et d'échange.

Avec ce plan, peut-être un jour la Bavière, le Würtemberg et le grand-duché de Bade viendraient à se rapprocher de l'Union autrichienne, et les États allemands formeraient ainsi deux confédérations commerciales parfaitement naturelles, balançant assez bien leurs forces, et ayant chacune une navigation fluviale puissante et complète dans son parcours. Au reste l'association autrichienne, telle que nous la proposons pour le moment, nous paraît d'autant plus réalisable que nous ne voyons pas d'obstacle sérieux à surmonter.

La Russie occupe aujourd'hui en Orient tout ce qu'il lui est véritablement utile de posséder. La Porte-Ottomane, qui n'a jamais eu de défiances sérieuses contre le gouvernement autrichien, ne s'opposera pas à la formation de relations commerciales plus intimes avec les contrées qui avoisinent le Danube. Ce sera même pour elle une garantie plus certaine de relations amicales. L'Angleterre, dont la jalousie commerciale est assez connue, pourra s'inquiéter un peu de voir surgir au midi de l'Allemagne une fédération semblable dans ses principes et dans ses résultats à l'Union prusso-allemande du nord; mais comme elle ne saurait apporter à ce plan d'obstacle sérieux, l'Autriche n'aura qu'à imiter la Prusse, c'est-à-dire à agir avec maturité et persistance sans s'inquiéter d'égoïstes et vaines réclamations.

# CHAPITRE IX.

Union italienne.

La nécessité qui a porté les divers peuples de l'Allemagne à s'unir pour donner un plus grand et plus utile essor à leur industrie et à leur commerce existe tout aussi forte, on pourrait même dire avec raison, plus pressante encore pour les peuples de l'Italie ; car ici il ne s'agit pas seulement d'améliorer une situation déjà bonne, mais encore de porter en beaucoup de lieux un principe de vie et d'activité. Les industries si brillantes, le commerce si étendu qui firent de l'Italie aux quinzième, seizième et dix-septième siècles une contrée enviée de l'Europe entière sont à reconstituer presque partout. Ici la géographie physique, avec ses données si précises, indique elle-même le territoire que doit embrasser l'Union italienne.

Le royaume de Sardaigne, celui de Lombardie, les duchés de Lucques, de Parme et de Modène, le grand-duché de Toscane, les États de l'Église, le royaume des deux Siciles, y compris les petits points inaperçus du reste de l'Italie, telles sont les contrées qui doivent former l'ensemble commercial capable de rivaliser un jour avec les autres Unions européennes ; car elle ne sera pas sans forces et sans prépondérance l'association qui comptera plus de vingt millions d'habitants, formera un tout inséparable, possédera plusieurs centaines de lieues de côtes, et disposera de ports nombreux, parmi lesquels il nous suffira de citer ceux de Gênes, de Nice, de Livourne, de Civita-Vecchia, de Messine, de Naples, d'Ancône, de Venise, etc.; qui enfin aura pour éléments de production les plaines de la Lombardie, le sol de la Toscane, celui non moins riche de la Sardaigne et de la Sicile, terres qui produisent au gré du laboureur les meilleurs blés du monde, la soie, les huiles, des vins, des fruits délicieux. Tous ces produits divers viennent en abondance sous un climat des plus favorables, au milieu d'un peuple dont l'intelligence n'a besoin pour enfanter des merveilles que d'être activée et bien dirigée. Ajoutons l'unité de langage, la similitude de mœurs, de religion et de forme politique, conditions heureuses que n'a pas toujours trouvées l'Union prusso-allemande, et que ne rencontreront pas non plus les autres Unions européennes.

La confédération italienne est d'autant plus importante à former qu'aujourd'hui chaque contrée de l'Italie vit dans l'isolement, et que des droits nombreux, rendus plus onéreux encore par des fiscalités vexatoires, frappent le mouvement des produits de pays à pays. L'Italie en un mot est en ce moment ce qu'était l'Allemagne avant sa fusion commerciale.

Maintenant si nous nous demandons à qui peut revenir la gloire de provoquer et de réaliser cette salutaire réforme, quel gouvernement saura imiter la Prusse, et comme elle prendre une noble initiative, la réponse n'est point facile à faire. Il y a plus d'un obstacle à prévoir.

Cependant il semblerait assez naturel que cette impulsion appartînt au roi des Deux-Siciles, le prince le plus puissant de l'Italie, qui est jeune, et en définitive doit plus que tout autre bénéficier des progrès industriels et commerciaux de la moderne Italie.

Dans la Méditerranée, où se montrent déjà avec tant d'éclat et d'avantages les flottes de la France et celles de l'Angleterre, et où commence à se développer la marine de l'Égypte, ne serait-il pas temps qu'il se réorganisât une marine italienne, cette même marine jadis et si longtemps l'orgueil comme le boulevard de ces riches et brillants parages.

S'il s'agissait de provoquer des arrangements, des transactions politiques, nous concevrions parfaitement les difficultés de changer par des moyens purement pacifiques l'ordre de choses établi; mais comme il n'est question que d'unir des intérêts matériels tout en respectant l'indépendance des petits comme des grands États, que les modifications proposées ne sont plus dans la région de la théorie, que le problème au contraire est résolu par la pratique;

qu'à côté de nous vingt peuples naguère isolés marchent avec joie et profit sous l'égide d'une fraternité commerciale entière et bien déterminée, pourquoi les autres nations, celles surtout qui leur ressemblent le plus par leurs dispositions topographiques, ne tendraient-elles pas au même but ?

Puisse donc l'Italie comprendre toute la portée de l'esprit d'association, et se mettre en état de jouir au plus tôt de ses incontestables bienfaits!

# CHAPITRE X.

Union péninsulaire.

Sans manquer à la rigueur du principe que nous avons déjà posé, et qui veut qu'on cherche à ne confédérer que des peuples qui ne soient pas naturellement ennemis, nous croyons pouvoir proposer l'Union commerciale de l'Espagne et du Portugal.

Le temps a déjà fait justice de la haine qui a si longtemps divisé les deux peuples; naguère nous les avons vus, à l'occasion d'un traité célèbre, marcher sous le même drapeau politique; leurs relations s'étendent chaque jour et le principe de leur gouvernement est à peu près le même. Les deux nations ne peuvent dès lors que gagner à se rapprocher encore en abattant les barrières commerciales qui les séparent. Il n'y a pas d'ailleurs trop de forces productrices dans ces contrées, si riches en ressources naturelles, pour y vouloir conserver et nourrir sous l'habit du douanier des bras inactifs.

L'Espagne et le Portugal, n'ayant plus qu'un même

intérêt à défendre, trouveraient des moyens plus ef-
ficaces de faire respecter leurs pavillons : considération importante pour des pays qui ont un immense
littoral.

Lorsque, il y a quelques années, l'influence de
l'Angleterre sur le Portugal était si grande, qu'elle
ressemblait plutôt à une domination qu'à une alliance,
l'Union proposée eût été difficile, peut-être même
impossible ; mais aujourd'hui que cette sujétion fâcheuse a été secouée, le même obstacle n'existe plus.
Le Portugal peut écouter plus librement ses vérita-
bles intérêts. Or, quoi de plus capable de les développer que l'Union commerciale des deux pays ?

# CHAPITRE XI.



L'Union douanière française est indiquée par les conditions topographiques les plus naturelles.

La Belgique, les Cantons suisses et la Savoie sont les pays qui doivent marcher avec la France. Par cette confédération ces pays gagnent une immense économie de frontières ; et la surveillance, là où elle sera nécessaire, pourra se faire avec assez de facilité.

Quant aux obstacles qui pourront naître de la position industrielle de chacune des contrées à confédérer, ils ne nous paraissent pas assez puissants pour détourner d'une association qui serait bonne dans tous les temps, mais qui, aujourd'hui, et après la nouvelle fédération allemande, est devenue une nécessité de premier ordre.

Si la France se refusait à appeler à elle les pays qui l'entourent, ils tourneraient naturellement leurs regards vers d'autres unions, comme ils en ont fait plus d'une fois la menace ; et un pareil événement aurait pour la France des conséquences d'une extrème gravité. En face de pays isolés comme elle, la France assurément n'aurait rien à redouter ; mais, lorsque tout ce qui l'entoure tend à s'unir, à harmoniser les forces individuelles pour leur faire produire les plus grands résultats possibles, elle ne peut pas, elle ne doit pas, sans se nuire à elle-même, rester livrée à ses seuls moyens, à son unique influence.

Il est vrai, on ne peut nier qu'à l'intérieur comme à l'extérieur quelques intérêts particuliers ne se trouvent effrayés et peut-être blessés ; mais ils doivent se taire devant l'intérêt général. Il est évident, du reste, que la crainte des maux à venir conduit ici à l'exagération. Quelques mots suffiront pour le prouver à tous ceux qui cherchent la vérité de bonne foi. La Savoie, qui n'est pas riche, qui a fort peu d'industrie, et dont l'agriculture est assez arriérée, ne peut sérieusement causer d'inquiétude ni à nos agriculteurs, ni à nos manufacturiers ; et les Alpes qu'elle nous présente pour limites, sont un point de démarcation trop avantageux pour ne pas vouloir nous en emparer. En nous le donnant, nous rendons de ce côté la surveillance des frontières aussi facile que réelle et peu coûteuse.

Le gouvernement sarde de son côté ne peut vouloir mettre obstacle à cette union : car, si en séparant la Savoie du Piémont, il se prive d'un débouché assez peu important pour ses propres industries, il en retrouve largement la compensation dans son adjonction à l'Union italienne. Il ne pourrait y avoir de sa

part d'autres raisons plausibles à opposer que la différence du principe politique qui régit les deux
pays ; mais pour une contrée aussi faible et naturellement aussi tranquille que la Savoie, cette différence
doit être d'une assez faible importance.

Du côté de la Suisse, les intérêts matériels se trouveront plus sérieusement en opposition ; mais cependant, en examinant avec attention ce qui se fait dans
l'un et l'autre pays, nous espérons rassurer bien des
alarmes mal fondées, et faciliter un rapprochement
devenu des plus opportuns.

Autrefois, c'est-à-dire sous le gouvernement qui a
précédé la révolution française, aussi bien que sous
les régimes républicain et impérial, les échanges entre la France et les Cantons suisses étaient nombreux,
faciles, recherchés. Malheureusement, après la chute
de l'empire, les idées peu étendues et peu rationnelles, en fait d'industrie et de commerce, des hommes
influents de la restauration et des grands propriétaires, devenus trop nombreux au sein des chambres
législatives, sont venues peu à peu altérer ces bonnes
relations. Les plaintes fort légitimes des Cantons suisses ont été trop peu écoutées, et, aujourd'hui, le mal
sera assez difficile à guérir. Cependant, si le gouvernement français le veut bien, s'il se met, comme il
le doit, au-dessus des petites passions de l'intérêt particulier, s'il pèse dans sa balance le bien et le mal du
régime trop exclusif aujourd'hui en vigueur, il pous-
sera les esprits vers l'établissement d'un régime éco-

nomique plus large, plus libéral, plus véritablement national.

Sous le point de vue agricole, l'introduction des céréales n'est point à redouter du côté de la Suisse ; car ce pays ne peut suffire à sa propre consommation. On en peut dire autant de la production vinicole ; la culture de la vigne n'étant propre qu'à un petit nombre de cantons, et leurs produits inférieurs de beaucoup aux nôtres.

C'est donc l'élève des animaux qui est la grande terreur de l'agriculture française : mais cette opinion est-elle fondée ?

Comment la Suisse produirait-elle des bestiaux et des moutons à des conditions plus favorables que nous lorsque ses terres se vendent moyennement le double et souvent le triple de celles de la France ? c'est là un fait positif, et qu'il serait difficile de contester. Si le prix plus modéré des animaux venant de la Suisse tient à l'art de l'éleveur, c'est à nous à suivre son exemple : son art n'est point un art mystérieux ; et ce n'est point alors au gouvernement à payer une prime à l'ignorance, à l'entêtement, à la routine.

Quant à la production des chevaux et des mulets, ce ne peuvent être raisonnablement les éleveurs des riches et vastes pacages de la Normandie, de la Bretagne, du Poitou, du Limousin et du Béarn qui aient à redouter les éleveurs de la Suisse. Si l'on nous oppose les animaux que la Suisse va chercher en Alle-

magne et dans les parties méridionales de la Russie
pour achever leur éducation, les engraisser et nous
les revendre, on peut répondre alors que les avantages d'une production en effet un peu plus économique, surtout dans les contrées russes, sont bien at-
ténués par les frais et les dangers du voyage et du
déplacement.

Les beurres et les fromages de la Suisse ne trouvent-ils pas une redoutable concurrence dans notre
production nationale? et si en ce genre la Suisse a
quelques spécialités qui soient recherchées, la France
n'a-t-elle pas aussi les siennes?

Les impôts généralement modérés des pays suisses
sont le seul avantage réel qu'ils aient sur leurs voisins;
mais le prix exorbitant des terres diminue grande-
ment les bénéfices de leur production.

Ainsi en comparant la position respective des deux
pays sous le point de vue agricole, nous ne voyons
de danger réel à une union intime ni pour l'un ni pour
l'autre. C'est pour n'avoir jamais voulu examiner
froidement les choses, qu'on s'est jeté dans un système imprudent de prohibitions, et qu'on a amené
des représailles toujours nuisibles aux intérêts généraux d'un pays.

Passons maintenant à la comparaison des produits
industriels.

Les industries principales de la Suisse sont aujour-
d'hui l'horlogerie et la fabrication des étoffes de coton et de soie sous leurs différentes variétés. Voyons

jusqu'à quel point la production française doit se préoccuper de ces branches du travail étranger.

Il est assez généralement reconnu par tous ceux qui approfondissent les questions économiques que l'horlogerie suisse n'est pas une concurrence pour l'horlogerie française : loin de là, elle lui vient en aide et contribue positivement à ses succès.

Par suite de son ancienneté, et de l'organisation d'une fabrication bien entendue sous le rapport de la main-d'œuvre et de l'emploi des métaux, l'horlogerie commune de la Suisse brave toutes les concurrences, et la France, mieux éclairée aujourd'hui, ne cherche pas à la combattre ; elle se contente des bénéfices assez profitables du courtage.

Quant à l'horlogerie de luxe, il est admis également qu'il nous est avantageux de recevoir les objets avant qu'on ne leur ait donné la dernière main, plutôt que de chercher à les confectionner nous-mêmes. L'ouvrier français, qui a plus de goût et de légèreté dans le travail que l'ouvrier suisse, ajoute beaucoup de prix aux ébauches qu'il reçoit, et nos fabricants trouvent ainsi le moyen de livrer à la consommation et à des prix raisonnables d'excellents objets. Tout le monde gagne à cette réunion de capacités spéciales. Cela est si vrai, qu'à défaut de liberté d'échange, la contrebande est là pour se charger du transport des marchandises. Le gouvernement a si bien compris cette vérité, que déjà il a modifié les droits d'entrée sur l'horlogerie suisse.

D'ailleurs il nous reste sous ce rapport une assez belle partie à exploiter : c'est la fabrication de l'horlogerie superfine et des instruments de précision. C'est là le lot à peu près exclusif de l'horlogerie parisienne ; les autres pays sont même nos tributaires à cet égard.

Appliquons actuellement ce que nous venons de dire aux tissus de la Suisse. Il est vrai que, depuis une dizaine d'années environ, la fabrication des toiles de coton et des soieries a pris une extension sensible en Suisse, notamment dans les cantons de Zurich, de Berne, de Bâle et de Saint-Gall. Les grands capitaux de ce pays, les crises si souvent répétées de nos villes industrielles, les tourmentes de la fabrique lyonnaise, d'autres causes encore ont favorisé le développement de l'industrie de nos voisins ; mais cependant il ne faut pas s'exagérer les conséquences de ce mouvement. La Suisse ne reçoit la plus grande partie de sa matière première que de seconde main ; et c'est déjà un désavantage. Ses machines et ses métiers, elle ne les fabrique pas ; elle est obligée de les demander à l'Angleterre, à la Belgique, à la France. Pour le travail d'apprêt et de teinture, elle a peu d'originalité dans ses dessins, et ses couleurs n'ont ni l'éclat ni la solidité des couleurs françaises. A l'étranger, c'est toujours aux façonnés français que l'on donne une juste préférence.

D'après ces considérations, auxquelles, si l'on veut être de bonne foi, on ne peut refuser quelque jus-

tesse, n'est-on pas amené à convenir que le seul avantage bien réel de la fabrication suisse, celui du bas
prix de la main-d'œuvre, est bien atténué ; et y a-t-il
lieu de s'alarmer en pensant au jour où il n'y aura
plus de droits fiscaux entre la Suisse et la France ?

La Suisse, de son côté, trouvera la compensation
de la liberté commerciale dont elle jouit aujourd'hui
dans la libre admission de la matière première qui
lui est nécessaire, dans le meilleur marché de ses instruments de travail, dans l'acquisition enfin d'un
marché vaste, assuré, permanent.

Les rapports entre la Suisse et la France sont si
naturels, que la Suisse préfère le transit à travers
notre territoire, bien que plus cher. Il est vraiment regrettable que les institutions humaines viennent ainsi gâter les sages dispositions de la nature...

La Belgique, avec sa renommée industrielle justement acquise et les capitaux nombreux qui l'ali-
mentent, offre peut-être de plus graves difficultés à
résoudre pour arriver à l'accomplissement de l'Union
projetée. Cependant il ne faut pas de notre côté nous
croire plus faibles, plus inhabiles, moins résolus que
nous ne le sommes.

Le combustible, cet élément si puissant des fabriques, est abondant sans doute chez nos voisins ; mais
parmi nous son exploitation s'est aussi augmentée
depuis quelques années. De riches bassins houillers
ont été ouverts avec avantage dans diverses contrées de
la France, et si, dans plusieurs localités, il en est qui

n'aient pas pris toute l'extension désirable, c'est uniquement la faute des propriétaires, et ils ne peuvent prétendre dès lors à une protection abusive. Quant aux établissements qui sont en pleine prospérité, ce n'est point un mal que la concurrence étrangère vienne atténuer un peu leurs profits, l'intérêt général est là qui commande ce sacrifice.

Les fabriques de coton de Rouen et de ses environs, celles de Saint-Quentin, du Haut-Rhin et de l'industrieuse Mulhouse qu'ont-elles donc tant à redouter des fabriques de Gand, de Courtray, d'Alost? Les produits délicats de Bruxelles et de Malines ne trouvent-ils pas des rivaux dans les dentelles et mousselines d'Alençon, de Nîmes et de Tarare? Les draps de la Belgique ont-ils l'ancienneté de renommée, l'éclat, la variété des draps d'Elbeuf, de Louviers et de Sédan? Et quant aux lainages à bon marché et à la force des tissus, les draps de l'Isère, de l'Hérault, de l'Aude, du Tarn ne sont-ils pas là pour encourager un peu la hardiesse de nos hommes d'État et leur dire que la peur est souvent une mauvaise conseillère? Est-il besoin du reste de leur rappeler qu'à peine il s'est écoulé un quart de siècle depuis le jour où les Belges et les Français étaient frères en industrie, comme ils l'étaient en association politique, qu'alors ils ne nous effrayaient pas, qu'ils ne nous écrasaient pas... et pourquoi feraient-ils aujourd'hui ce qu'ils ne faisaient pas alors? Ils n'ont pas de plus riches laines que nous, car ils en produisent à peine.

La soie? ils n'en possèdent pas. Le coton? comme nous ils le demandent à l'Amérique, à l'Inde, à l'Égypte. Les bras ne sont chez eux ni plus aptes au travail, ni moins chèrement rétribués. Aussi bien que nous, ils ont une crise industrielle qui les tourmente, un trop-plein qui les excède; et comme nous ils n'ont pas une indépendance politique qui les rassure contre des voisins jaloux et puissants, une marine assez forte pour les défendre au dehors.

Non, nous le disons hardiment; et nous croyons parler en toute vérité, il n'y a pas d'obstacle sérieux qui s'oppose à l'Union française, telle que la raison, la politique et les circonstances conseillent de la former. Puisse le bon génie de la France veiller à ce que cette heureuse association s'accomplisse un jour; car ailleurs le bien se fait, et ce serait à notre grand détriment si parmi nous il ne se faisait pas également.

# CHAPITRE XII.

De quelques modifications économiques propres aux pays qui ne sont point
en position de se confédérer.

## § 1er. De l'Angleterre.

La géographie de l'empire britannique indique
suffisamment qu'il ne peut se fondre commercialement avec aucun autre pays. Des traités seuls doivent faciliter ses relations d'échange, varier et mul-
tiplier ses profits. Mais ce que le gouvernement
anglais doit faire, et ce qui devrait même être fait
depuis longtemps, c'est d'abolir les barrières qui séparent encore les trois royaumes. Reculer ce moment, c'est, indépendamment des haines nombreuses
et déplorables qu'alimente un pareil état de choses,
contrarier la production et neutraliser des forces qui
ne demanderaient qu'à surgir. L'Irlande surtout est
tenue, malgré les modifications opérées depuis quelques années, sous une législation trop gênante, trop
vexatoire, trop différente de celle qui régit les autres
parties de l'empire britannique.

Que signifie cette inégalité des droits et des charges
entre populations vivant sous un gouvernement commun? qu'espérer de ce système injuste, surtout
après tant d'années de domination? Les Romains
avaient une bien autre politique à l'égard des pays
qu'ils déclaraient partie intégrante de l'empire. Ils
traitaient leurs nouveaux sujets en citoyens et non
point en vaincus. Tous les droits de la mère patrie
étaient les leurs; et cette politique adroite avait généralement les résultats les plus heureux. Si l'Angleterre avait su appliquer les forces et les trésors
qui ont servi depuis un si grand nombre d'années à
comprimer l'Irlande, à son développement matériel
et à son perfectionnement moral, combien son as-
pect serait différent! que de haines, que de malédic-
tions, disons aussi que de crimes de moins! Si dans
le temps qui suivit la victoire, on crut pouvoir être
acerbe, injuste, impitoyable; s'il n'a fallu tout d'a-
bord rien moins que la force pour contenir les
vaincus, qui peut nier aujourd'hui que le temps n'ait
bien amorti, si ce n'est entièrement effacé, ces tristes
souvenirs; il ne doit plus actuellement rester de
place que pour la justice. La politique et l'intérêt
de tous la conseillent également. Car en face de ce
qui se passe sur le continent, l'Angleterre doit comprendre qu'elle n'a pas à s'endormir sur ses intérêts.
Malgré la suprématie industrielle où elle est arrivée,
elle pourrait se voir égalée, peut-être même un jour
dépassée, si elle continuait à épuiser une partie de

sa force à opprimer ceux qu'elle devrait protéger.

Aux autres peuples, aussi bien qu'aux enfants de notre patrie, nous dirons franchement ce que nous croyons être les éléments de leur prospérité ; car nous ne saurions partager ce préjugé fâcheux, encore trop répandu, qu'un peuple ne peut prospérer qu'à la condition que ceux qui l'entourent seront faibles et misérables. Non, de pareilles idées ne sont que de tristes erreurs. La terre est assez vaste et ses entrailles assez fécondes pour qu'il y ait du pain, du bien-être et quelque bonheur, sinon pour l'universalité, du moins pour le grand nombre des hommes.

C'est dès lors à ceux qui croient avoir trouvé quelques-uns de ces éléments d'un bonheur commun à la grande famille humaine à les révéler, à les populariser, et à proclamer partout la nécessité de les mettre en pratique.

### § 2. Du Danemarck.

Le Danemarck, formé de plusieurs îles, ne pourrait avec profit, ni pour lui ni pour les autres, faire partie d'aucune Union. Nous lui avons emprunté le Holstein pour l'adjoindre à l'Union prusso-allemande, c'était tout ce qu'il y avait de convenable à faire. Le reste du pays offre un littoral si étendu, qu'il ajouterait beaucoup trop aux frais de l'Union qui l'admettrait. Il ne faut pas non plus, et pour les mêmes raisons, songer à la fusion commerciale du Danemarck et de la Suède. Il y a entre ces deux pays une cause de défiance et d'irritation qui doit mettre obstacle à des rapports suivis et intimes. Bien que la séparation du Danemarck et de la Norwège soit déjà assez ancienne, cependant elle n'est pas entièrement oubliée, et il vaut mieux dès lors laisser ces deux États dans leur isolement actuel, que d'y développer par une fusion intempestive de nouveaux germes de jalousie et peut-être de haine.

### § 3. DE LA SUÈDE ET DE LA RUSSIE.

La Suède ne pourrait que se lier avec sa voisine la Russie; mais ce dernier pays est déjà si vaste, qu'il n'a pas à désirer une nouvelle adjonction. Il vaut mieux qu'il reste dans son indépendance entière. Le point capital pour lui, c'est de chercher à tirer le meilleur parti possible de ses admirables ressources, et d'étudier quels sont les peuples de l'Europe avec lesquels il lui importe le plus de commercer et de se lier ensuite par des concessions réciproques.

Par exemple, n'y a-t-il pas lieu de s'étonner qu'entre la France et la Russie il n'y ait pas des échanges plus nombreux; ne pourrions-nous pas demander à ce pays plus abondamment ses bois, ses résines, ses chanvres, ses suifs, ses cuirs, ses métaux, et lui offrir en retour nos vins, nos fruits, nos étoffes et les produits si variés de notre fabrication de luxe? Ces rapports seraient d'autant plus sûrs et durables, qu'en-

tre les deux pays il ne peut y avoir de rivalité d'intérêts politiques : ce qu'on ne peut pas dire de quelques autres États européens. La nature elle-même
semble inviter à ces nouveaux rapports, puisque par
le Nord et le Midi les deux pays peuvent également
correspondre.

Nous n'en dirons pas davantage sur les Unions et
les rapports futurs des nations de l'Europe, relations
d'autant plus faciles à établir qu'il ne s'agit ici que
d'imiter ce qui vient d'être fait sous nos yeux, ce qui
existe, ce qui marche et ce qui assurément aura de
l'avenir. Honneur donc aux premiers promoteurs de
ces nouvelles et pacifiques alliances ! celles-là du
moins le ciel ne peut que les approuver et les bénir ;
car elles ont pour moyen et pour but le travail de
l'homme et la paix du monde.

# CHAPITRE XIII.

Des changements qui devront résulter des confédérations commerciales dans le système des lois économiques qui régissent aujourd'hui les nations.

Des modifications diverses et nombreuses devront résulter nécessairement de la formation des Unions douanières. Les plus importantes de ces modifications devront avoir rapport aux *poids* et *mesures*, aux *monnaies*, aux *droits de poste*, à *ceux de navigation*, aux *brevets d'invention et aux droits d'auteur*, aux *monopoles*, et enfin aux *impôts de diverse nature* qui frappent les éléments de la production. Nous allons chercher à apprécier quelques-unes des conditions qui devront présider à ces modifications, afin de les rendre réellement utiles et durables.

## § 1<sup>er</sup>. Poids et Mesures.

Le système des poids et mesures uniformes a procuré de tels avantages aux peuples qui, les premiers, l'ont appliqué à leurs usages particuliers, que les pays réunis en confédérations commerciales sentiront bientôt la nécessité de s'en adjuger le bénéfice pour leurs relations réciproques ; car pour eux cette uniformité a une immense importance. Sans elle comment en effet apporter dans de vastes transactions commerciales l'activité qui en est l'élément principal ? Elle serait évidemment impossible là où il faudrait, en vingt localités différentes, peser ou mesurer les denrées et marchandises de diverses natures que les membres d'une grande union auraient à échanger. Ne faudrait-il pas ensuite se rendre compte de leur valeur, calculer les différences, subir enfin ces mille désagréments que naguère nous éprouvions en France en passant de province en province, par suite d'un système aujourd'hui jugé, et dont nous nous efforçons en ce moment d'abolir les derniers vestiges ?

Peut-être bien qu'une telle révolution dans les vieilles habitudes des peuples ne sera pas facile à opérer ; mais, en s'y prenant avec sagesse et ménagement, en donnant la préférence au meilleur d'entre les systèmes employés par les pays confédérés, en allant même en chercher un plus parfait chez les étrangers, s'il en existe, on arrivera avec le temps à convaincre les populations que, plus leurs relations auront des bases larges et générales, plus elles seront expéditives et par suite profitables.

## § 2. Monnaies.

L'uniformité du système monétaire ne pourra que

suivre celle des poids et mesures. Avec la diversité des monnaies, il y a non-seulement perte de temps et complication dans les transactions commerciales, mais encore perte directe d'argent par suite des opérations du change. Quoique coûteuses, ces opérations ne sont même pas toujours faciles, parce que les changeurs ne se trouvent guère que dans les grands centres de population. Mais ce n'est point l'unique inconvénient ; on sait qu'ils n'abusent que trop souvent de l'ignorance de ceux qui ont recours à leur ministère.

Il n'est pas besoin de dire qu'ici l'uniformité ne devra s'étendre qu'au poids et au titre des monnaies : chaque pays pourra sans inconvénient conserver sur sa monnaie son cachet de nationalité, comme l'effigie du prince, la désignation du pays, le coin particulier à chaque hôtel de fabrication, etc.

L'admission de l'uniformité dans le système monétaire au sein des Unions douanières, aura pour conséquence les résultats obtenus du temps de l'empire français. On sait que les monnaies du royaume d'Italie, basées sur notre calcul décimal, sur notre titre et notre poids, étaient reçues comme monnaies françaises : aujourd'hui encore cette circulation se continue sans la moindre difficulté.

## § 3. Droits de poste.

De nos jours, le besoin de relations suivies et fa-

ciles entre peuples voisins est si bien senti, que ceux
même qui n'ont point d'intérêts particuliers qui les
unissent cherchent à rendre leurs moyens de corres-
pondance plus simples et plus expéditifs. Au sein
des confédérations commerciales, cette amélioration
sera une nécessité de premier ordre; les membres
confédérés voudront que leurs lettres, leurs jour-
naux et les échantillons que s'envoie le commerce par
la voie de la poste circulent sur le territoire de l'Union
sans entraves et sans retards.

Il est à présumer que les gouvernements qui auront à cœur d'améliorer l'état actuel des choses ne
négligeront point d'étudier le nouveau système des
postes anglaises qui n'admet qu'une même taxe, et
fort minime, pour tout le royaume. Le temps seul est
appelé sans doute à faire apprécier les bons ou les
mauvais effets de cette mesure sous le rapport financier; mais sous le point de vue commercial l'avantage est incontestable : et d'ailleurs personne ne peut
refuser au peuple qui donne ici l'exemple le mérite
de posséder au plus haut degré l'intelligence des
affaires. Il ne suffit point, pour favoriser l'industrie
et le commerce, d'autoriser la circulation libre des
produits, il faut encore que d'autres droits onéreux
ne viennent point gêner et ralentir l'esprit de spé-
culation.

## § 4. Droits de navigation.

La nécessité de modifier les droits de navigation, soit dans les ports, soit à l'intérieur, sera bientôt reconnue. Ces droits sont généralement trop forts, et de plus ils sont suivis de formalités beaucoup trop gênantes ; les administrations qui régissent les canaux servant aux relations commerciales de pays limitrophes auront aussi à s'entendre pour établir un système de péage plus uniforme et plus rationnel. On se plaint souvent que les canaux ne soient pas une branche de revenu profitable ; en France et dans quelques autres pays de l'Europe, le reproche est fondé ; seulement on a tort de ne pas ajouter que cet éloignement du commerce pour les canaux provient généralement du fait de ceux qui les administrent. S'ils étaient mieux régis, ils seraient plus utilisés, et le public et l'État y gagneraient également ; car les routes seraient alors moins abîmées par le roulage qui profite de la défaveur jetée si maladroitement sur la navigation artificielle.

## § 5. Brevets d'invention et droits d'auteur.

Les inventions et les productions de l'esprit ont une telle liaison avec le développement de l'industrie et du commerce, que l'on finira par reconnaître qu'il est de toute justice de les favoriser à l'égal des produits matériels.

Ainsi il est naturel de penser qu'un brevet d'invention et une production littéraire arriveront à jouir au sein des unions douanières de l'immunité qui n'est aujourd'hui reconnue que dans l'enceinte du cercle national, limite étroite, et qui n'est nullement en rapport avec le mérite des grandes et utiles créations de l'esprit et du génie.

En France, où cependant on aime à honorer le mérite des belles et utiles découvertes, on voit avec peine que la loi interdise à l'inventeur le droit naturel de tirer parti de sa découverte à l'étranger. C'est là le pendant de la législation anglaise d'autrefois qui, elle aussi, défendait sous des peines sévères à l'ouvrier anglais d'aller chercher du travail et gagner du pain hors des limites des trois royaumes.

De telles mesures ne sont plus de notre temps; il nous faut un esprit de nationalité plus large, plus équitable.

### § 6. Monopoles.

Une autre question encore qu'il faudra examiner avec attention toutes les fois qu'il s'agira de réunir commercialement deux pays séparés par des lignes de douanes, est celle des monopoles publics qui peuvent fort bien exister dans un ou plusieurs des pays à confédérer, sans se rencontrer dans les au-

tres. Ainsi, pour ne parler ici que de l'Union douanière française, que nous prenons pour exemple,
on trouve en France les monopoles divers du sel,
des cartes à jouer, du tabac, de la poudre, etc. En
Belgique, au contraire, la fabrication et la vente du
tabac sont libres; en Suisse, les entreprises de
transports, abandonnées en Belgique et en France
à la libre concurrence, sont un monopole des Cantons.

En examinant cette question sous ses différents
points de vue, nous devons avouer qu'elle ne nous
semble que d'un intérêt secondaire, parce qu'elle ne
nous paraît pas, dans tous les cas, de nature à empêcher la formation des unions douanières, telles
que nous les avons constituées. Nous avons vu, quand
nous nous sommes occupé de l'association allemande
que le monopole du sel a bien pu être réglé par des
conventions spéciales, et n'a pas empêché la réunion successive des divers États aujourd'hui confédérés. La Suisse, qui achète son sel à l'Allemagne et
notamment à la Bade, pourrait tout aussi bien le demander à la France du moment qu'elle ferait partie
de l'Union française.

Si le commerce des cartes à jouer a été presque
toujours un monopole des gouvernements, ç'a été
bien moins dans un but de fiscalité que dans celui
de la moralité publique. L'histoire de l'Union prusso-allemande nous a encore appris comment on pouvait affranchir cette industrie sous certaines condi-

tions, et concilier les intérêts de la morale publique avec ceux du trésor.

La question des transports ne saurait être non plus un empêchement à la fusion commerciale de plusieurs États voisins. Nous avons dit que le transport des voyageurs était en Suisse un monopole des Cantons. Ils n'en ont pas moins pu se considérer comme de simples entrepreneurs et stipuler comme personnes morales avec des entreprises particulières de messageries. De pareils traités ont été faits déjà et sont aujourd'hui en vigueur entre des entreprises particulières de messageries françaises, et quelques-uns des cantons suisses limitrophes.

Quant à la fabrication et à la vente des diverses sortes de tabac, il serait, nous le pensons, extrêmement facile d'arriver entr eles différents États de l'Union française à une convention unitaire avec abolition du monopole aujourd'hui en vigueur. Quant au mode d'application, on comprend que ce n'est pas le lieu de l'indiquer ici ; ce serait trop nous écarter de notre sujet.

Si maintenant, sortant des faits spéciaux, nous considérons la question sous son point de vue économique, nous pourrons ajouter que depuis long-temps la plupart de ces monopoles ne sont point regardés par les gouvernements comme une chose de bonne administration, mais que s'ils s'obstinent à les conserver, c'est uniquement à cause des revenus qu'ils donnent au trésor public. Or, n'est-il pas

possible de prévoir que du moment que l'union commerciale, avec les bases que nous lui avons faites,
serait constituée, le mouvement des affaires qui en
serait la suite, les transactions nombreuses dont elle
serait la source, l'étendue du marché, l'abondance
des capitaux et une foule d'autres causes encore
amèneraient un accroissement infaillible dans les revenus indirects? Ne peut-on pas penser dès lors, et
avec raison, que les gouvernements mieux éclairés
se laisseraient aller sans peine à abandonner des monopoles dont le résultat nécessaire est d'affecter plus
ou moins sensiblement la richesse publique et le
bien-être des masses, et dont les bénéfices sont toujours diminués, et quelquefois dans une assez forte
proportion, par l'activité de la contrebande.

§ 7. Impôts de diverse nature.

Une autre modification qui s'opérera dans un assez
court délai, car elle est d'une haute importance pour
le monde industriel et commercial, c'est une balance plus égale des charges publiques entre les producteurs de la même Union. Sans cette égalité, la
faculté de produire aux mêmes conditions n'exis-
terait pas, et le bénéfice de l'association serait naturellement bien atténué. Il n'est pas besoin de
dire que cette égalité s'étendra aux produits agricoles
comme aux produits industriels.

Ces modifications, et quelques autres encore moins

importantes, et qu'il est inutile de signaler parce que tout le monde les devine, sont inséparables de l'esprit d'association qui tend aujourd'hui à rapprocher les peuples. Elles sont d'autant plus probables que déjà l'association douanière allemande s'occupe d'en appliquer quelques-unes, notamment celles sur les poids et mesures, les postes et les brevets d'invention.

Avec ces modifications, il sera bien plus parfait, bien plus fructueux encore l'admirable système de fédération dont nous avons tâché de faire l'histoire, de signaler la haute portée, de proclamer les incontestables bienfaits; et si, pour le bonheur de l'humanité, il pouvait se généraliser au milieu de nous, comme la raison l'indique et le fait espérer, l'Europe du moins, aujourd'hui sans lien durable, sans amitiés franches, toujours prête à se déchirer faute de s'entendre sur les grands comme sur les plus minces intérêts, l'Europe, disons-nous, reprendrait quelque confiance, et, assise sur des bases plus stables et plus rationnelles, elle oublierait bientôt, au sein de la paix et du travail, ses haines, ses alarmes, ses longs malheurs et ses déplorables luttes.

# CHAPITRE XIV.

Résultats numériques du système des Unions douanières en Europe.

Pour compléter notre travail, et en rendre les résultats frappants pour tous les esprits, nous allons finir par emprunter un langage dont il est difficile de contester l'autorité : c'est celui des chiffres.

Voici quelle serait l'économie du système que nous proposons.

### UNION FRANÇAISE.

Étendue des frontières prise par pays isolés. . 1687
Étendue des frontières pour les pays réunis. . 1268

Nombre de lieues gagnées par la réunion. . . 419

### UNION PÉNINSULAIRE.

Étendue des frontières prise par pays isolés. . 1130
Étendue des frontières pour les pays réunis. . 710

Nombre de lieues gagnées par la réunion. . . 420

## UNION ITALIENNE.

Étendue des frontières prise par pays isolés. .  2329
Étendue des frontières pour les pays réunis. .  1574

Nombre de lieues gagnées par la réunion. . .  755

## UNION AUTRICHIENNE.

Étendue des frontières prise par pays isolés. .  3166
Étendue des frontières pour les pays réunis. .  1796

Nombre de lieues gagnées par la réunion. . .  1370

## UNION PRUSSIENNE ACTUELLE.

Étendue des frontières prise par pays isolés. .  3571
Étendue des frontières pour les pays réunis. .  1322

Nombre de lieues gagnées par la réunion. . .  2249

## UNION PRUSSIENNE AVEC SES COMPLÉMENTS.

Étendue des frontières prise par pays isolés. .  4764
Étendue des frontières pour les pays réunis. .  759

Nombre de lieues gagnées par la réunion. . .  4005

Total du nombre de lieues gagnées par la réunion dans les cinq unions proposées. . . .  6969
C'est plus de la moitié.

Le nombre des douaniers employés par lieue d'é-
tendue étant au moins de dix, ce serait obtenir une
économie de soixante-dix mille hommes, qui coûtent
aux gouvernements plus de 80,000,000 fr. Si nous
comptons maintenant que le travail de ces soixante-
dix mille hommes, tous intelligents et forts, laissés à
des occupations fructueuses, équivaudrait au moins
à une pareille somme ; si enfin nous mettons en ligne
de compte les bénéfices nombreux et variés que procurerait une liberté plus grande d'action et de circulation, nous nous élèverons à un chiffre positif
énorme, et, pour le moins, égal à celui du budget
d'un grand État.

En présence de pareils résultats, on aime à compter sur un meilleur avenir ; mais la science ne pouvant que chercher et proposer le bien, c'est aux hommes d'État à le chercher et à l'accomplir.

# TABLEAUX COMPARATIFS

## DES DROITS

### EN VIGUEUR DANS L'ASSOCIATION DOUANIÈRE ALLEMANDE,

#### ET DES

### TARIFS DES DOUANES FRANÇAISES.

Nous avons souvent parlé dans le cours de cet ouvrage des tarifs de l'association allemande, de leur division, de leur assiette et de leur modération, surtout vis-à-vis des tarifs de la France et de l'Angleterre ; nous avons relaté quelques-unes de leurs principales dispositions, et avons surtout insisté sur le caractère particulier qui leur donnait à nos yeux un si grand mérite, l'absence de toute prohibition, soit à l'entrée, soit à la sortie ; mais ce que nous en avons dit eût été insuffisant pour justifier les éloges que nous leur avons donnés, si nous n'avions comparé ensemble quelques-unes de leurs dispositions les plus essentielles.

Ainsi que nous l'avons exposé plus haut, le but

principal des fondateurs de l'Union douanière commerciale allemande a été non-seulement de créer en Allemagne des industries nouvelles, mais encore de donner à toutes celles qui existaient précédemment les moyens de prendre un essor, des développements inconnus jusqu'alors, et de les mettre en état de lutter victorieusement pour l'avenir avec les industries analogues et rivales de l'étranger. Pour y parvenir, on ne crut devoir mieux faire que de laisser entrer en franchise tous les produits bruts, toutes les matières premières qui doivent ou servir à alimenter l'industrie nationale, ou acquérir une valeur bien plus élevée par suite de leur mise en œuvre dans l'intérieur du pays.

Cette disposition est tellement importante, elle différencie à un tel point les tarifs de la France et ceux de l'Allemagne, qu'on ne s'étonnera pas qu'elle nous ait spécialement guidés dans la nouvelle combinaison que nous avons adoptée. En effet, plusieurs modes se présentaient, on pouvait prendre les tarifs français, et reproduire vis-à-vis de chacun de leurs articles les tarifs correspondants de l'association douanière; mais cette disposition n'aurait pas offert toute la clarté désirable. Il n'eût pas été non plus fort commode de suivre toutes les divisions du tarif allemand. Ce dernier procède par masses, et ne contient en tout que quarante-trois numéros, tandis que les tarifs français présentent une division infinie et la nomenclature de tous les produits que les manufactures, les arts ou les différents règnes de la nature peuvent offrir. Nous avons préféré un autre mode qui fera ressortir d'une manière plus nette et plus précise les idées que nous voulons mettre en lumière. Nous avons donc pensé que la meilleure méthode à suivre était de diviser le tarif en quatre parties qui énonceraient sous quatre rubriques différentes :

1° Les produits et marchandises qui, dans l'association douanière allemande, entrent en franchise de droits, et, en regard, le prix qu'elles paient pour entrer sur le territoire français ;

2° Les produits et marchandises qui, entrant sans droits dans l'Union, paient un droit à la sortie, et le régime français correspondant ;

3° Les produits et marchandises prohibés à l'entrée dans les tarifs français, et, en regard, ce qu'ils paient dans le tarif allemand ;

4° Les produits et marchandises prohibés à la sortie dans le tarif français, et leur position correspondante dans le tarif allemand.

Ces quatre catégories, si elles ne reproduisent pas dans leur entier tous les articles contenus aux tarifs de France et d'Allemagne, en donnent au moins les dispositions les plus essentielles.

Toutefois, avant de passer à cette comparaison d'après le système que nous venons d'indiquer, nous devons appeler l'attention sur la différence des unités de poids qui se rencontreront dans ces tableaux. Le tarif français compte par quintal métrique, c'est-à-dire par poids de cent kilogrammes, tandis que le tarif allemand a pour unité le quintal prussien, qui n'est que d'environ la moitié.

On devra remarquer aussi que dans les tarifs des douanes françaises tous les articles, sauf un petit nombre d'exceptions, et tellement minime que nous croyons inutile de le consigner ici, paient un droit à la sortie, tandis que, dans les tarifs de l'association allemande, l'exemption de droits à la sortie forme la règle, et l'exception ne frappe que sur un très-petit nombre d'objets.

De même, le nombre des produits qui, dans le tarif allemand, reçoivent une prime à la sortie étant excessivement restreint, nous n'avons pas cru devoir donner le régime français correspondant.

## Quatrième Catégorie. — Quatrième Tableau.

| Nos. | TABLEAU DES PRODUITS ET MARCHANDISES PROHIBÉS, A LA SORTIE, DANS LES TARIFS FRANÇAIS. DÉNOMINATIONS. | RÉGIME ALLEMAND CORRESPONDANT. Unités taxées. | Monnaie allemande. | | Monnaie française. | |
|---|---|---|---|---|---|---|
| | | | thalers. | gros d'argent. | francs. | centimes. |
| 1 | Armes à feu portatives, d'affût, en bronze ou en fonte. | Le quintal. | Exemptes. | | | |
| 2 | Pistolets de poche. | Idem. | Exempts. | | | |
| 3 | Bois à brûler en bûches. | Idem. | Exempt. | | | |
| 4 | Id. en fagots. | Idem. | Exempt. | | | |
| 5 | Charbon de bois ou de chènevottes, sauf par les points pour lesquels le gouvernement suspend la prohibition, et en payant le droit de 10 c. par 100 kil. B. | Idem. | » | 2 1/2 | » | 31 |
| 6 | Drilles et chiffons. | Idem. | 5 | » | 11 | 25 |
| 7 | Écorces à tan de sapin, non moulues. Id. moulues, tan. Autres, non moulues. Moulues, tan. | Idem. | » | 2 1/2 | » | 31 |
| 8 | Fer minerai brut ou lavé, chromaté. Sulfuré ou non. | Idem. Idem. | » 3 » 3 | | » 62 1/2 » 62 1/2 | |
| 9 | Fonte moulée pour projectiles de guerre. | Idem. | Exempte. | | | |
| 10 | Contrefaçons. | Idem. | | | | |
| 11 | Perches. | Le schifslast. | Exemptes. | | | |
| 12 | Plomb ou balles de calibre. | Le quintal. | Exempt. | | | |
| 13 | Poudre à tirer. | Idem. | Exempte. | | | |

* Depuis l'impression des premiers tableaux une rectification est devenue nécessaire. Une ordonnance royale, rendue sur le rapport du ministre de l'agriculture et du commerce (*V.* le *Moniteur* du 26 septembre 1840) a modifié le taux de certains tarifs. Ainsi le *bois à brûler* ne paiera plus que 5 cent. à l'entrée par stère au lieu de 25 cent. Il en sera de même *des fagots* (25 cent. le cent en nombre), qui aussi jouiront à l'entrée de la même réduction de prix (1).

(1) *V. première Catégorie, premier Tableau, numéro 13.*

TABLEAU DES PRODUITS ET MARCHANDISES QUI, ENTRANT EN FRANCHISE DANS L'UNION, PAIENT UN DROIT A LA SORTIE. — RÉGIME FRANÇAIS CORRESPONDANT.

| N°s d'ordre du tarif | DÉNOMINATIONS. | DROITS DE SORTIE. Monnaie allemande. | Monnaie française. | DÉNOMINATIONS. (Tarif français.) | Unités sur lesquelles portent les droits. | Par navires français. | Par navires étrangers et par terre. | Droits de sortie. |
|---|---|---|---|---|---|---|---|---|
| 1 | Débris et déchets. | | | Cornes de bétail brutes, y compris les sabots. | 100 kil. BB | » fr. 10 c. | » fr. 10 c. | 20 fr. » c. |
| | Débris animaux. — Cornes entières, pointes et râpures de cornes. | gros thalers d'argent. » 45 | 1 fr. 37 c. 1/2 | Nerfs de boeufs et autres animaux. | Idem. | 1 » | 1 10 | » 25 |
| | Nerfs et tendons. | | | Rognures et dollures de peaux blanches et d'autres. | | | | |
| | Oreillons, rognures de cuir pour faire la colle, et autres déchets de tannerie. | | | Peaux et oreillons à fabriquer la colle forte. | Idem. | 1 » | 1 10 | » 25 |
| | Os entiers et en morceaux. | | | Os et sabots de bétail. | Idem. | » 10 | » 10 | 20 » |
| | Sabots et griffes. | | | Sang de bétail, excepté celui de boue desséché. | Idem. | 1 » | 1 10 | » 25 |
| | Sang de bétail, frais et desséché. | | | de boue desséché. | Idem. | 34 » | 34 10 | les 100 kil. |
| | Lessive résultant de la fabrication du savon. | | | Lessive résultant de la fabrication du savon. | Id. NB | 10, 15 et 48 fr. | 24 » | » 25 |
| | Regrets d'orfévre (crasse de monnaie). | | | Cendres et regrets d'orfévre. | Id. BB | » fr. 5 c. | » 5 | » 25 |
| | Verre cassé (groisil) et autres débris de verrerie. | | | Groisil ou verre cassé. | Idem. | » 10 | » 10 | » 25 |
| 2 | Coton brut. | » 45 | 1 87 1/2 | Coton en laine, sans distinction d'espèce, importé en droiture : | | | | |
| | | | | Des colonies françaises. | 100 kil. NB | 5 » | . . . . . . | |
| | | | | De Turquie. | Idem. | 15 » | 25 » | |
| | | | | D'Alger, avec certificat d'origine. | Idem. | 15 » | 25 » | » 25 |
| | | | | De l'Inde. | Idem. | 10 » | 55 » | |
| | | | | Des autres pays hors d'Europe. | Idem. | 20 » | 55 » | |
| | | | | Des entrepôts. | Id. m. | 50 » | 55 » | |
| 5 | Beurre, importé en quantités isolées, et n'excédant pas trois livres à la fois. | | | | | | | |
| 6 | Fer brut, fer vieux en morceaux (ferraille). | | | Fer minerai brut ou lavé, chromaté. | 100 kil. BB | » 10 | » 10 | P. ohibé. |
| | Limaille. | » 7 1/2 | » 98 | Id. sulfuré ou non. | Id. B. | » 10 | » 10 | » fr. 25 c. |
| | Machefer. | | | Limailles et pailles. | Id. BB | » 10 | » 10 | » 25 |
| | | | | Ferraille et mitraille. | Id. B. | Prohibé. | Prohibé. | » 10 |
| | | | | Machefer, par mer. | Id. BB | 1 fr. 40 | 1 fr. 34 c. | » 10 |
| | | | | Id. par terre, suivant les bureaux. | Idem. | » » | 80 c. et 1 fr. 40 c. | |
| 7 | Minerais. — Calamine (minéral de zinc). | | | Pierres calaminaires (minéral). | 100 kil. BB | » 10 | » 10 | » 25 |
| | Cobalt. | | | Minerai de cobalt. | Idem. | 5 » | 5 30 | les 100 kil. |
| | Fer et acier. | | | Id. de fer. | Idem. | » 10 | » 40 | Prohibé. |
| | Graphite ou mine de plomb. | » 5 | » 62 1/2 | Graphite, mine de plomb noire ou plombagine. | Idem. | 5 » | 5 30 | » fr. 25 c. |
| | Molybdène | | | Molybdène. | Idem. | 5 » | 5 30 | » 25 |
| | Autres, compris sous les dénominations générales de Erze et Tufen. | | | | | | | |
| | Nota. Minerai de fer, aux frontières de Bavière, de Saxe, de Wurtemberg et de Bade. | Exempt. | Exempt. | | | | | |
| 11 | Peaux, grandes et petites, pour la préparation du cuir, salées, sèches, vertes. | | | Peaux brutes, fraîches, grandes. | 100 kil. BB | 4 » | 4 40 | 16 » |
| | Crin brut. | 1 20 | 6 25 | Id. de lapin, brutes. | Id. BN | 4 » | 4 40 | » 75 |
| | Peaux et poils de lapin. | » 15 | 4 87 1/2 | Id. de lièvre, brutes | Idem. | 4 » | 4 40 | le kilogramme. |
| | Id. id. de lièvre. | | | Crins bruts, y compris ceux teints. | Id. BB | 2 50 | 2 70 | » fr. 25 c. |
| | Poils de vache et autre gros bétail. | » 5 | » 62 1/2 | Poils de vache et autres plocs. | Idem. | 4 » | 4 40 | |
| | | | | Id. de lapin. | Idem. | 4 » | 4 40 | 2 le kilog. |
| | | | | Id. de lièvre. | Idem. | 4 » | 4 40 | |
| 12 | Charbon de bois. | » 2 1/2 | » 34 23 | Charbon de bois et de chenevottes. | L'hectolitre. | » 5 | » 5 | Prohibé. |
| 17 | Cardes ou chardons cardières. | » 5 | » 62 1/2 | Chardons cardières, têtes. | 100 kil. BB | 1 » | 4 10 | 5 fr. » c. |
| 22 | Drilles, chiffons et autres débris pour la fabrication du papier.. | | | Drilles et chiffons, etc. | 100 kil. B. | » 10 | » 10 | Prohibé. |
| | Cordages vieux et vieilles cordes. | | | | | | | |
| | Drilles de coton. | | | | | | | |
| | de laine. | | | | | | | |
| | de lin et de chanvre.. | 3 | 11 25 | | | | | |
| | Maculatures de papier écrit ou imprimé. | » 10 | 1 25 | | | | | |
| | Rognures de papier. | | | | | | | |
| | Vieux filets. | | | | | | | |
| | Cordages vieux et vieilles cordes.. } par les ports prussiens. | | | | | | | |
| | Vieux filets. | | | | | | | |
| 38 | Terre à porcelaine. | » 15 | 1 87 1/2 | Derle (feldspath opaque et argiliforme, propre à la fabrication de la porcelaine, dite kaolin et pétuntzé). | 100 kil. BB | » 10 | » 10 | » fr. 25 c. |
| 41 | Laine brute. | 2 » | 7 50 | Laines en masse, par navire français et par terre. | La valeur. | 20 pour o/o. | . . . . . . | » 25 |
| | | | | Id. par navires étrangers. | La valeur. | 22 pour o/o. | . . . . . . | les 100 kil. |

# APPENDICE.

# APPENDICE.

Nous avons plusieurs fois parlé dans le cours de ce travail de la loi du 26 mai 1818, qui fut la base du système prussien, et par conséquent de la législation qui régit aujourd'hui la confédération douanière allemande, mais nous n'avons cité que ses principales dispositions. L'importance de ce document nous a engagé à en faire une traduction exacte et complète, et à indiquer les différentes prescriptions législatives qui s'y rapportent, l'interprètent, l'expliquent, le modifient, et en sont en quelque sorte comme le commentaire (1).

## I.

### LOI DU 26 MARS 1818.

*Sur les droits de douane et de consommation à percevoir sur les marchandises étrangères, ainsi que sur le commerce entre les diverses provinces de la monarchie.*

Nous, Frédéric-Guillaume, par la grâce de Dieu, roi de Prusse, etc.

---

(1) Nous nous sommes servi, pour cette traduction et pour les documents qui s'y rapportent, du recueil intitulé : *Die preussische Zollgesetzgebung,* publié par F. G. Schimmelfennig. Potsdam, Riegel, 1857.

Avons déjà reconnu, par les lois de finances des 27 octobre et 11 septembre 1811, les avantages d'une législation uniforme en matière d'impôts; la législation financière doit d'autant plus recevoir peu à peu toutes les améliorations dont elle est susceptible, que la satisfaction des besoins de l'Etat ne doit jamais être abandonnée au hasard.

Les améliorations déjà obtenues dans le système des impôts ont pour base les rapports spéciaux de l'intérieur, mais attendent des modifications ultérieures. Déjà aujourd'hui on sent d'une manière précise et générale le besoin de supprimer les entraves qui gênent la liberté du commerce entre les différentes provinces de la monarchie; de reporter les lignes de douanes à l'extrême frontière; de protéger l'industrie indigène par des droits convenables sur le commerce extérieur et la consommation des marchandises étrangères, et d'assurer enfin à l'État, sans gêner les transactions, les revenus que le commerce et le luxe doivent lui donner.

Nous avons fait soumettre à un examen minutieux tout ce qui se rattache à cette question et a pu parvenir à notre connaissance, et, après avoir entendu notre Conseil d'État, avons ordonné et ordonnons ce qui suit :

### I. *Commerce avec l'étranger.*

1. Tous les produits étrangers naturels et manufacturés peuvent être introduits, consommés et expédiés en transit dans toute l'étendue de la monarchie.

2. L'exportation est permise pour tous les objets indigènes, naturels ou manufacturés.

5. Il ne sera fait d'exception à cette règle que pour des motifs de haute police et pour un temps limité (1).

_______

(1) *V.* Rescript du 28 décembre 1834. — *Idem* du 5 septembre 1835, et circulaire du ministère des affaires médicales et de celui des finances du 25 mars 1837 sur la vente de certains remèdes secrets *en Prusse.*

4. Le commerce du sel (1) et celui des cartes à jouer (2) sont réglés par des lois particulières.

5. Le principe de la liberté du commerce, proclamé dans les articles précédents, doit servir de base pour toutes les négociations futures avec les autres États.

Les facilités dont les regnicoles prussiens jouiront dans d'autres pays pour leur commerce devront être compensées, autant que le permettra la diversité des rapports, par des facilités égales, et on devra même, dans l'intérêt des transactions réciproques, faire, toutes les fois que ce sera nécessaire, des traités spéciaux de commerce.

Par contre, le gouvernement se réserve d'adopter des mesures convenables de réciprocité en vue des restrictions qui, dans les pays étrangers, nuiraient essentiellement aux intérêts des sujets de la monarchie.

### II. *Droits sur le commerce avec l'étranger.*

6. A l'entrée, il sera perçu sur les marchandises étrangères un droit qui sera ordinairement d'un demi-écu par quintal prussien.

Le tarif indique d'une manière spéciale les objets qui, exceptés de la règle commune, entrent sans droits, ou qui sont imposés à un droit plus bas ou plus élevé.

7. Pour l'exportation, l'exemption de droits est la règle ; les exceptions sont indiquéés par le tarif.

8. Outre le droit d'entrée, il sera perçu sur plusieurs marchandises étrangères, si elles restent dans le pays, un droit de consommation.

Pour les produits étrangers fabriqués ou manufacturés, ce droit ne doit pas en général excéder 10 pour 100 de la valeur d'après

---

(1) *V.* Ordonnance du 17 janvier 1820 ; ordre de cabinet du 19 août 1825 ; et *idem* du 21 juin 1858.

(2) *V.* Rescript du 5 janvier 1855, et la loi du 16 juin 1858 (*Bulletin des lois de Prusse,* pour 1858, p. 570 et suiv.), qui a affranchi, sous certaines conditions, le commerce des cartes à jouer.

la moyenne des prix, et il doit être moindre si on peut l'abaisser sans nuire à l'industrie indigène.

Les objets soumis à l'impôt de consommation sont indiqués dans le tarif (1).

9. La perception des droits se fixe d'après le poids, la mesure, ou le nombre des pièces.

10. Lorsque les marchandises devront, d'après les règlements spéciaux de la douane, être munies d'un acquit-à-caution ou plombées, elles auront à acquitter en outre le droit fixé au tarif pour le bulletin ou le plombage.

11. D'après ces principes il a été rédigé :

Sous la rubrique A,

Un tarif pour les provinces orientales, savoir : la Prusse, la Prusse occidentale, le Brandebourg, la Poméranie, la Silésie, Posen et la Saxe ;

Sous la rubrique B,

Un tarif pour les provinces occidentales, savoir : la Westphalie, Juliers Clèves et Berg, et le Bas-Rhin (2) ;

Un règlement sur l'impôt de douane et celui de consommation qui fixe les mesures nécessaires pour assurer la perception et protéger l'industrie indigène par une surveillance convenable aux frontières, le contrôle, les formalités et les conséquences pénales des contraventions ;

Qui tous ont été ajoutés à la présente loi.

12. Les objets qui ne restent pas dans le pays, mais qui ne font que le traverser, paieront, comme droit de transit, le droit d'entrée et de sortie d'après le tarif (3).

(1) *V.* §§ vi, vii et vii. Le droit d'entrée et l'impôt de consommation ont été réunis par le tarif du 25 octobre 1821. — *V.* aussi l'instruction du 4 novembre 1821, et le tarif du 24 octobre 1836, partie II.

(2) Les tarifs postérieurs ne contiennent que pour certains objets déterminés la différence, d'après les deux parties principales du territoire, établie par les dispositions du § 11.

(3) Le droit de transit a été régularisé d'une manière différente, et d'après des données spéciales, par le tarif du 24 octobre 1836, part. III, et par le tarif complémentaire du 27 novembre 1836.

13. Les objets destinés au transit peuvent être déchargés dans l'intérieur du pays sous une surveillance convenable, ou y être déposés pour être livrés au commerce d'expédition ou de commission, sans être pour cela astreints aux droits de consommation (1).

14. Dans les circonstances suivantes, il y a lieu par exception à une diminution dans les droits de transit :

*a)* Dans les provinces de l'est, tous les objets imposés au tarif à plus d'un demi-écu (1 fr. 87c. 1/2) par quintal, soit à l'entrée, soit à la sortie, soit pour tous les deux, ne paieront qu'un demi-écu pour le transit, s'ils entrent à la gauche de l'Oder, ou s'ils sont réexportés à la gauche de l'Oder, soit immédiatement, soit après un dépôt préalable, pour être ensuite livrés au commerce d'expédition ou de commission.

Pour le roulage, ce droit ainsi diminué sera, partout où ce sera jugé convenable, déterminé et perçu par charge de cheval.

*b)* Jouiront aussi de cette diminution de droits les marchandises qui entrent par la gauche de l'Oder en destination pour les foires de Francfort ou de Naumbourg, ou qui sont exportées de ces foires par la gauche de l'Oder.

*c)* Enfin en jouiront encore les marchandises arrivant par mer par les bouches de l'Oder, et sortant par la gauche de ce fleuve.

15. En outre, partout où par suite de la disposition des localités il sera convenable d'accorder une diminution des droits de transit, on en fera l'objet d'une ordonnance spéciale (2).

### III. *Commerce à l'intérieur.*

16. Le commerce à l'intérieur doit être libre, et n'être pour

---

(1) Au lieu de ces mots : *Astreints aux droits de consommation*, il faut lire actuellement, d'après la seconde partie du tarif : *Astreints à des droits d'entrée plus considérables, lorsqu'ils seront consommés dans le pays.*

(2) *V.* pour les §§ xiv et xv, la note du § xii, et le § xcviii du règlement douanier du 26 mai 1818, ainsi conçu : « Pour les marchandises, qui, d'après le § xiv de la loi sur les droits de douane et de consommation, sont soumises à un droit moindre que le droit habituel, on ne doit s'éloigner des

l'avenir soumis à aucune restriction entre les diverses provinces ou parties de territoire de la monarchie (1).

17. En conséquence, toutes les douanes intérieures appartenant à l'État, aux communes ou aux particuliers, qui existent encore çà et là, sont supprimées du jour où cette loi entrera en vigueur.

18. Cette disposition s'étend à tous droits de commerce ou de consommation perçus sur les marchandises étrangères au profit des communes ou des particuliers.

19. Si toutefois la perception au profit des communes ou des particuliers a lieu en vertu d'un titre onéreux, l'État leur accordera une indemnité qui sera calculée d'après une évaluation moyenne du revenu brut des trois dernières années, et qui sera payée aux ayants droit, aux caisses publiques et par à-compte mensuels.

20. Les droits d'octroi du Rhin, ceux de l'Elbe et du Weser, et toutes autres impositions servant à faciliter la navigation, ou à entretenir la navigabilité des rivières, des canaux, des écluses, les droits perçus pour l'entretien des ponts, des bacs, des chaussées, des chemins, des ports, des phares, des signaux, des grues, des balances, des entrepôts et autres établissements créés dans l'intérêt du commerce, ne sont point compris dans ceux supprimés aux articles 17 et 18, et restent pour à présent formellement maintenus.

21. Si le vin récolté dans les provinces occidentales en est expédié pour être consommé dans les provinces orientales, il sera perçu par exception, dans ce dernier cas, un supplément d'impôt de consommation de deux écus et demi (9 fr. 57 c. 1/2) par muids (eimer) (2), tant que dans l'intérêt du commerce du vin il ne sera

dispositions générales qu'autant que la sûreté à fournir en obtenant un acquit-à-caution peut s'estimer par la différence entre le droit réduit et le droit ordinaire. »

(1) *V*. Ordonnances des 26 mai 1818 et 8 février 1819, les lois du 8 février 1819 et du 30 mai 1820, et enfin l'ordonnance du 19 novembre 1824.

(2) L'eimer a 60 *quarts* ou 68,7 litres; le *quart* vaut par conséquent 1 litre 14 centilitres.

pas possible d'égaliser l'impôt sur le vin étranger dans les deux divisions du territoire (1).

22. Les objets étrangers soumis simplement aux droits, ceux qui, soumis à la totalité du droit d'entrée indiqué par les tarifs, doivent en outre acquitter le droit de consommation, ceux qui l'auront acquitté dans les provinces de l'est ou dans celles de l'ouest, seront, lorsqu'ils seront expédiés d'une partie de l'État dans une autre, considérés comme indigènes et traités comme tels.

23. Les objets étrangers, destinés seulement au transit à travers les deux portions de la monarchie, n'ont à acquitter qu'une seule fois le droit d'entrée et de sortie, et d'après les évaluations du tarif de la province qu'ils atteignent d'abord, soit à l'entrée, soit à la sortie (2).

24. Les parties du territoire séparées ou saillantes pourront, toutes les fois que des motifs spéciaux l'exigeront, être affranchies du droit de douane et de l'impôt de consommation, et être régies sous ce rapport par des règlements appropriés à la localité.

Le commerce de ces parties du territoire avec l'intérieur sera soumis aux restrictions nécessitées par le nouvel état de choses (3).

(1) *V.* Extrait de l'ordre de cabinet adressé au ministère d'État, en date du 30 octobre 1830 :

§ III. Sur le vin et le moût de vin qui entreront dans les provinces occidentales, on prélèvera le droit de 8 écus par quintal, auquel ils sont soumis dans les provinces de l'est, mais *sur le vin expédié des provinces de l'ouest dans celles de l'est, le droit établi par la loi du 26 mai 1818 est entièrement supprimé.* En conséquence, les dispositions du tarif du 27 octobre 1827, partie II, n° 25, litt. f., nos 2 et 5, sont abrogées.

(2) Au lieu des mots : *Le droit d'entrée et de sortie, et d'après les évaluations du tarif de la province qu'ils,* etc., il faut lire actuellement ceux-ci : *Le droit de transit et à la frontière qu'ils,* etc. De même, il faut supprimer les mots : *à la sortie.* — *V.* Appendice à l'instruction du 12 janvier 1819.

(3) Cet article n'a presque plus d'application depuis que les pays qui avoisinent la Prusse se sont réunis à elle pour l'exécution commune du traité de douanes.

### IV. *Dispositions générales.*

25. Des modifications de tarif ne peuvent, dans la règle, avoir lieu que d'après les bases établies par cette loi.

Ces évaluations doivent être revisées tous les trois ans, eu égard aux changements survenus dans les prix des marchandises, et le tarif ainsi revisé sera arrêté et publié de nouveau d'une manière officielle.

26. Toutes les interprétations de tarif qui peuvent avoir quelque influence sur les contribuables ne doivent être prononcées qu'une fois par an, et en une seule fois, être portées à la connaissance du public huit semaines au moins avant le 1er janvier, et être mises à exécution seulement à partir de ce jour.

27. Nul ne peut s'affranchir des droits imposés en vertu de cette loi, ni avoir droit à aucune indemnité par suite des exemptions qu'elle proclame.

28. Pour l'interprétation de cette loi et de ses accessoires, il ne faudra jamais s'en référer aux anciennes lois financières, mais seulement appliquer ce qui est prescrit en général pour l'interprétation des lois équivoques.

29. Les dispositions de cette loi entreront en vigueur dans les trois provinces occidentales, aussitôt qu'elle y sera publiée, et dans les sept provinces de l'est du jour qui sera fixé par une publication spéciale du ministère d'État (1).

Nous ordonnons à tous nos sujets et employés de se conformer en tous points aux dispositions de cette loi.

La présente a été signée de notre main et revêtue de notre sceau.

Donné à Berlin, ce 26 mai 1848.

(1) La loi du 26 mai 1848 a été mise en vigueur dans les sept provinces de l'est, à partir du 1er janvier 1849. (Ordonnance du 2 décembre 1848.)

# II.

A. *Convention monétaire générale conclue entre les États qui font partie de l'Union douanière commerciale allemande* (1).

Tous les gouvernements qui font partie de l'Union douanière commerciale allemande étant convenus, conformément aux conditions contenues dans les divers traités d'accession à l'Union douanière, de faire dans leurs États respectifs tous leurs efforts pour amener l'introduction d'un système monétaire uniforme, et s'étant réservé d'ouvrir à ce sujet des conférences spéciales, ont nommé dans ce but pour leurs plénipotentiaires, savoir : (suivent les noms des plénipotentiaires stipulant pour dix-huit États de la Confédération germanique (2) ), lesquels, sous la réserve de la ratification à intervenir, ont conclu la présente convention.

(1) *V.* Beilage zur Leipziger allgemeinen Zeitung, n. 22, 22 janvier 1859.

(2) Ces États sont :
1° Le royaume de Prusse;
2° Le royaume de Bavière ;
3° Le royaume de Saxe ;
4° Le royaume de Würtemberg;
5° Le grand-duché de Bade;
6° L'électorat de Hesse-Cassel ;
7° Le grand-duché de Hesse-Darmstadt ;
8° Le grand-duché de Saxe-Weimar-Eisenach ;
9° Le duché de Saxe-Meiningen ;
10° Le duché de Saxe-Altenbourg ;
11° Le duché de Saxe-Cobourg-Gotha ;
12° Le duché de Nassau ;
13° La principauté de Schwarzbourg-Rudolstadt ;
14° La principauté de Schwarzbourg-Sondershausen ;
15° La principauté de Reuss (branche aînée) ;
16° La principauté de Reuss-Schleitz ;
17° La principauté de Reuss-Lobenstein et Ebersdorf;
18° La ville libre de Francfort.

Article 1. Comme base de tout le système monétaire dans les pays des hautes parties contractantes, on ne se servira à l'avenir que d'un seul étalon dont le poids, combiné avec le poids du marc du royaume de Prusse, et celui des États du sud de l'Allemagne faisant partie de l'association douanière, est fixé à 555,855 grammes.

Art. 2. Le système monétaire dans les États de toutes les parties contractantes aura désormais pour point de départ cette base commune, et de telle sorte, que quel que soit le mode employé dans les comptes, qu'ils se fassent en thalers et en gros, en florins ou en kreuzers, le titre de 14 thalers, qui donne 14 thalers par marc d'argent fin, sera combiné avec le thaler de manière que celui-ci aura une valeur égale à 1 florin 3/4, ou le titre de 24 1/2 florins, qui donne 24 florins 1/2 par marc d'argent fin, sera combiné avec la valeur du florin de telle sorte que celui-ci aura une valeur égale à 4/7 de thaler, et sera la base du système monétaire du pays.

Art. 3. En particulier dans les royaumes de Prusse et de Saxe, la Hesse-Électorale, le grand-duché de Saxe-Weimar, les duchés de Saxe-Altenbourg et de Saxe-Gotha, la principauté de Schwarzbourg-Rudolstadt ( seigneurie inférieure ), la principauté de Schwarzbourg-Sondershausen, ainsi que dans les principautés de Reuss de la branche aînée et de la branche cadette, on continuera à se servir exclusivement pour la monnaie du pays du titre de 14 thalers par marc d'argent fin, ou si un autre y était usité, le nouveau titre y serait introduit au plus tard le 1er janvier 1841 ; d'un autre côté, dans les royaumes de Bavière et de Würtemberg, les grands-duchés de Bade et de Hesse-Darmstadt, le duché de Saxe-Meiningen, la principauté de Cobourg appartenant au duché de Saxe-Cobourg-Gotha, le duché de Nassau, la principauté de Schwarzbourg-Rudolstadt (seigneurie supérieure) et la ville libre de Francfort, on continuera à se servir exclusivement pour la monnaie du pays du titre de 24 1,2 florins par marc d'argent fin, ou si un autre y était usité, le nouveau titre y serait introduit au plus tard le 1er janvier 1841.

Art. 4. Chacun des États contractants ne fera frapper que des pièces conformes à la division introduite par suite du titre monétaire commun, ci-dessus fixé (art. 2 et 5). Les États contractants qui se servent de monnaies frappées au même titre se réservent de s'entendre et de prendre à cet égard des mesures uniformes.

ART. 5. Tous les États contractants s'engagent, en faisant frapper de grosses espèces d'argent, à suivre exactement pour les pièces entières, aussi bien que pour leurs fractions et pour les petites monnaies courantes, leur titre monétaire (art. 5) tel qu'il est en usage dans le pays, et à veiller avec le plus grand soin à ce que chaque pièce soit frappée avec son titre et son poids légal. Ils s'engagent aussi en particulier, et réciproquement, à ne jamais, sous prétexte de remède ou de faiblage, rien enlever au titre ou au poids des monnaies, et à ne souffrir aucune altération de titre ou de poids qu'autant qu'elle serait nécessitée par l'impossibilité d'atteindre une exactitude absolue.

ART. 6. Pour déterminer la finesse du titre des monnaies d'argent, l'essai se fera toujours par la voie humide.

ART. 7. Dans la vue de faciliter le commerce réciproque entre les Etats contractants, il sera frappé une monnaie d'argent commune, qui sera *monnaie de l'association*, répondra aux deux titres monétaires mentionnés dans l'article 2, et contiendra la septième partie d'un marc d'argent fin. Elle vaudra deux écus ou trois florins et demi, sera reçue pour cette valeur dans toute l'étendue des divers États contractants, dans toutes les caisses de l'État, des communes, des fondations de bienfaisance, et en général dans toutes autres caisses publiques, ainsi que dans toutes les relations privées, notamment pour le paiement des lettres de change, et aura cours légal et indéfini, absolument comme toutes les autres monnaies du pays.

ART. 8. L'alliage de la monnaie de l'association sera de neuf parties d'argent et d'une partie de cuivre. Par conséquent six pièces trois dixièmes devront peser un marc, et soixante-trois pièces dix marcs. La tolérance en plus ou en moins, d'après les principes posés en l'article 5, ne doit jamais pour une seule pièce, soit pour la finesse du titre, soit pour le poids, dépasser trois millièmes. La monnaie d'association a quarante et un millimètres de diamètre. Elle est frappée en rond et avec un cordon uni orné d'une inscription ou d'un ornement gravé en creux. Le revers que tous les gouvernements intéressés s'efforceront de rendre aussi uniforme que possible, devra, dans tous les cas, contenir le rapport de la pièce avec le marc d'argent fin, ensuite la valeur en thalers et en florin et la dénomination expresse de *monnaie de l'association*.

Art. 9. Du 1er janvier 1839 au 1er janvier 1842, il sera frappé au moins deux millions de pièces de monnaie de l'association, un tiers chaque année, et chacun des États contractants s'engage à contribuer en proportion de sa population. A l'expiration du délai indiqué, les émissions ultérieures de monnaies de l'association devront, en cas d'absence de toute autre convention, se continuer de telle sorte qu'il soit également frappé deux millions de pièces par chaque période de quatre années, et en conservant toujours la proportion contributive dont il vient d'être fait mention. A la fin de chaque année, les gouvernements contractants se donneront réciproquement avis du nombre de pièces qu'ils auront frappées.

Art. 10. De temps en temps, les gouvernements contractants feront essayer réciproquement l'aloi et le poids des nouvelles monnaies, et se communiqueront aussi réciproquement le résultat de leurs expériences. Dans le cas, impossible du reste à prévoir, où les monnaies de l'un ou de l'autre des États contractants ne seraient pas trouvées conformes, soit pour le titre, soit pour le poids, aux dispositions contenues en la présente convention, ledit État s'engage à, soit immédiatement, soit après arrêt d'un tribunal arbitral, retirer de la circulation toutes les *monnaies d'association* frappées pendant l'année à laquelle appartiendra la monnaie défectueuse.

Art. 11. Tous les États contractants s'engagent à ne jamais abaisser au-dessous du cours nominalement indiqué leurs petites espèces d'argent, ou à ne les mettre hors de cours qu'après avoir fixé un délai de retrait d'au moins quatre semaines, et l'avoir fait connaître officiellement au moins trois mois avant le moment indiqué pour leur retrait de la circulation. Chacun des États intéressés se réserve le droit de fixer la valeur proportionnelle d'après laquelle, pour faciliter la transition à l'usage de la nouvelle monnaie (article 3), les monnaies frappées à l'ancien titre monétaire seront retirées ou laissées dans la circulation. Néanmoins chaque

État s'engage à retirer de la circulation et à refondre peu à peu les monnaies dont il a été question au commencement, ainsi que les *monnaies d'association* qu'il aurait frappées, si, par suite d'une active circulation et de l'usage, elles avaient subi une dépréciation notable dans la valeur métallique originaire; de même à recevoir dans toutes ses caisses, et toujours pour la valeur entière qu'elles indiquent ou celle qu'elles devraient avoir dans la circulation, les pièces usées ou dont l'empreinte serait disparue par suite du frottement.

ART. 12. Pour les paiements dans les petites transactions et pour l'appoint, chaque État se réserve de faire frapper comme monnaie de billon de plus petites espèces d'après un titre inférieur au titre adopté pour tout le reste des monnaies (articles 2 et 5), mais cependant d'une valeur nominale correspondante. Toutefois les États contractants s'engagent à ne pas mettre en circulation plus de monnaie de billon qu'il n'en sera nécessaire pour les besoins du pays, et pour atteindre le but énoncé plus haut. Ils devront aussi, autant que faire se pourra, faire en sorte que toute la monnaie de billon actuellement en circulation soit ramenée à la quantité désignée, et qu'ainsi personne ne soit forcé d'accepter en cette monnaie un paiement de la valeur de la plus petite monnaie (article 5).

ART. 13. Chacun des États contractants prend en outre l'engagement :

1° De ne jamais abaisser la valeur de ses petites espèces d'argent au-dessous de celle qu'elles indiquent réellement, ou de ne les mettre hors de cours qu'après avoir fixé un délai de retrait d'au moins quatre semaines, et l'avoir fait connaître officiellement au moins trois mois avant le moment indiqué pour leur retrait de la circulation.

2° Si par suite d'une longue circulation et de l'usage, ces monnaies ont perdu leur empreinte, elles seront retirées peu à peu pour être refondues pour la valeur qu'elles auront à ce moment.

3° Lesdits États contractants pourront aussi échanger, à leur gré d'après la même valeur, leurs petites monnaies d'argent de toute espèce dans des caisses qui seront ultérieurement détermi-

nées, contre d'autres petites monnaies ayant cours dans leur pays.
La somme à échanger ne doit pas toutefois être moindre de cent
thalers ou de cent florins.

ART. 14. Le présent traité ne doit déroger en rien aux dispositions de la convention monétaire de Munich, du 25 août 1857, et
de la convention spéciale sur la monnaie de billon de la même
date.

ART. 15. Les États contractants devront coordonner dans le
sens de la présente convention toutes les lois et ordonnances qui
règlent le système monétaire, et se communiquer réciproquement
toutes les dispositions qu'ils viendraient à prendre pour leur exécution.

ART. 16. Tous les gouvernements se donnent réciproquement
l'assurance de poursuivre de la manière la plus énergique tout
délit ou crime de fausse monnaie qui serait commis soit contre eux,
soit contre tout autre État de l'association, et d'user de tous les
moyens que la législation met en leur pouvoir pour prévenir, dé-
couvrir ou punir de semblables crimes, et dans le cas où il serait
commis au préjudice d'un autre gouvernement faisant partie de
l'association, de porter sans délai à la connaissance du gouvernement intéressé, tant le crime en lui-même que les autres faits dont
l'instruction judiciaire aurait amené la découverte.

ART. 17. Dans le cas où d'autres Etats de l'Allemagne désire-
raient se réunir à la présente convention monétaire, les États contractants se déclarent disposés à leur faciliter la satisfaction de
ce vœu en entamant aussitôt des conférences à ce sujet.

ART. 18. La présente convention restera en vigueur depuis le
jour de l'échange des ratifications jusqu'à la fin de l'année 1858,
et à partir de cette époque sera considérée comme renouvelée tacitement, toujours pour cinq ans, tant que de l'un ou de l'autre
côté on n'aura pas déclaré vouloir se soustraire à ses dispositions,
ou les remplacer par d'autres dont il sera ultérieurement convenu.
Toutefois cette renonciation ne pourra avoir lieu qu'autant que le
gouvernement qui la fera déclarera sa résolution aux autres États
contractants deux ans au moins avant l'expiration de la durée de
la présente convention, ou de sa prolongation tacitement consen-
tie. Alors il devra immédiatement et sans délai entamer d'autres

conférences avec les États associés, pour expliquer les motifs de sa renonciation, et en même temps se faire décharger des obligations qui lui sont imposées dans des conférences communes. La présente convention générale monétaire sera présentée aussitôt à la ratification des hautes parties contractantes, et les ratifications en seront échangées à Dresde dans le délai de trois mois, ou plus tôt si faire se peut. Fait à Dresde, le 30 juillet 1838.

( Suivent les signatures des plénipotentiaires. )

B. *Convention particulière, additionnelle à la convention générale monétaire de ce jour.* Dresde, le 30 juillet 1838.

Entre les plénipotentiaires de Prusse, de Saxe, de Hesse-Électorale, de Saxe-Weimar-Eisenach, de Saxe-Cobourg-Gotha pour le duché de Gotha, de Saxe-Altenbourg, de Schwarzbourg-Rudolstadt, pour la seigneurie inférieure, de Schwarzbourg-Sondershausen, de Reuss ( branche aînée ), de Reuss-Schleitz et Reuss-Lobenstein-Ebersdorf, qui ont reçu à cet effet des pouvoirs réguliers pour conclure la convention générale monétaire ;

En signant aujourd'hui la convention générale monétaire entre les États qui font partie de l'Union douanière commerciale allemande, les plénipotentiaires soussignés, représentant dans cette convention les États dont le système monétaire repose sur le titre de quatorze écus au marc d'argent fin, sous la réserve de prendre à l'avenir et selon leur bon plaisir, des résolutions plus explicites, ont provisoirement arrêté entre eux diverses dispositions qui ont pour but de fixer d'une manière plus nette le caractère de leur système monétaire.

Article 1. Toutes les monnaies courantes seront frappées en rond et indiqueront expressément sur l'un des côtés leur rapport proportionnel avec le marc d'argent fin.

Art. 2. Les pièces de monnaie courante, fractions de l'écu, ne pourront être que des sixièmes, des tiers ou des deux tiers de l'écu.

Art. 3. Conformément aux prescriptions suivies dans le royaume de Prusse :

*a*) Le diamètre des pièces d'un écu sera de trente-quatre millimètres, et celui des pièces formant un sixième d'écu de vingt-trois millimètres.

*b*) L'alliage pour les pièces d'un écu sera de quatre parties de cuivre contre douze parties d'argent ( à 12 loths ), et pour les pièces d'un sixième d'écu, de vingt-trois parties de cuivre contre vingt-cinq parties d'argent (à 8 loths et demi).

*c*) La tolérance permise en plus ou en moins ne pourra jamais, et dans aucun cas, dépasser pour les pièces d'un écu un grain pour le titre de finesse et un demi pour cent pour le poids, et pour celles d'un sixième d'écu, un grain et demi pour le titre de finesse et un pour cent pour le poids.

Art. 4. Dans les mêmes monnaies qui seront frappées à l'avenir, l'argent fin devra rendre en moyenne seize thalers par marc.

Pour le reste, il est convenu que la présente convention additionnelle, dans le cas où les résolutions plus explicites que l'on a en vue ne seraient pas prises, doit avoir même durée et même valeur que les dispositions arrêtées dans la convention générale monétaire, qu'elle doit être expédiée en un seul exemplaire et gardée dans les archives d'État du royaume de Saxe, qu'il doit en être délivré une copie conforme et certifiée à chacun des plénipotentiaires intéressés, et en même temps qu'elle sera considérée comme ratifiée par suite de la ratification souveraine donnée à la convention générale monétaire dont il vient d'être question ci-dessus.

(Suivent les signatures des plénipotentiaires.)

FIN.

# TABLE DES MATIÈRES.

FIN DE LA TABLE DES MATIÈRES.

# ERRATA.

Page 10, *à la note*, 2° ligne, au lieu de : Erlaüterungeö, *lisez* Erlaütcrungen.

Page 18.    id.    2° ligne, au lieu de : un dim. *lisez* und im.

Page 57, 9° ligne, au lieu de : Erfurth, *lisez* Erfurt.

Page 59, 26° ligne, au lieu de : Mayenne, *lisez* Mayence.

Page 79, 15° ligne, au lieu de : ajourd'hui, *lisez* aujourd'hui.

Imprimerie Schneider et Langrand, rue d'Erfurth, 1.

www.ingramcontent.com/pod-product-compliance
Lightning Source LLC
LaVergne TN
LVHW020201030726
842520LV00003B/831